YO,

Colón

| DESCUBRIDOR DEL PARAISO TERRENAL, |
| ALMIRANTE DE LA MAR OCEANA, |
| VIRREY Y GOBERNADOR DE INDIAS. |

TEXTO: VICENTE MUÑOZ PUELLES
ILUSTRACION: JULIO GUTIERREZ MAS

Distributed By
LAREDO PUBLISHING CO.
22930 Lockness Ave.
Torrance, CA 90501
(800) 547-5113

ΛΝΛΥΛ

I

Hace año y medio, habiéndome llegado a Sevilla la noticia de que la Reina agonizaba en Medina del Campo, y como no me hallaba en disposición de soportar el largo viaje a caballo ni las intemperies del otoño, quise ser trasladado en silla de manos hasta la Corte. Pero, como la postura que más convenía a mi enfermedad era la de yacente, resolví finalmente —tanto anhelaba ver a Isabel— pedir al cabildo del arzobispado las andas fúnebres que habían transportado los restos del último arzobispo de Sevilla. Ya habían accedido a prestarme la litera mortuoria —a condición, eso sí, de que me comprometiese a devolverla en buen estado— cuando el rigor del frío y un agravamiento de mis males me hicieron desistir del viaje.

Cada día aguardaba yo el correo de la Corte y rezaba por la salud de mi soberana, sin saber que ella ya había entregado su alma y se encontraba fuera de los cuidados de este áspero y fatigoso mundo. La amargura que sentí al conocer su muerte me debilitó aún más, y puede decirse que entonces empecé a morir. Muy pronto cumpliré el propósito de ir en andas fúnebres, camino de la huesa.

El rey Fernando siempre fue de otro talante. Si de él hubiera dependido, aquella portentosa descubierta que emprendí hace catorce años —pero que germinaba en mí desde que guardo memoria— nunca se hubiera llevado a cabo. No existiría ninguna de las poblaciones que se han fundado allende los mares, ni serían de Castilla tantas tierras hermosas y riquezas como gané en las Indias, ni hubiera avistado el Paraíso Terrenal para gloria de la Cristiandad. Aunque, a juzgar por el trato engañoso que el Rey y sus cortesanos me dispensan, es como si nada hubiese ganado ni descubierto. Mucho he tardado en ver que

5

Su Majestad no desea reconocerme los derechos y privilegios que, cuando la Reina vivía, ambos me prometieron bajo palabra y sello. Y es tal la falsa cortesía y benevolencia con que me escucha en las audiencias, asintiendo a todas mis palabras y siguiéndome la corriente como suele hacerse con los locos y con los ancianos que ya están fuera de este mundo, que alguna vez yo mismo he llegado a dudar de mi cordura.

Por eso, imposibilitado de embarcar en quinta navegación de Indias, inicio ahora este recordatorio: para demostrar a mis herederos y a mí mismo que aquello no fueron fantasmagorías. Por última vez he de orientarme en el laberinto de lo que fui.

Entra en la habitación el leal Fieschi, coloca a cada lado de la cama una candela encendida para aliviar el crepúsculo y se marcha sin preguntarme nada. Me acomodo —es decir— entre gruesos almohadones y estiro

la sábana —ya casi sudario— que me cubre hasta medio pecho. Tomo la pluma. Las hojas de papel se me antojan tan blancas como la espuma de la mar.

Faltaba media hora para la salida del sol, y los gallos de Palos aún no cantaban cuando, el 3 de agosto de 1492, di orden de levar las anclas y largar los aparejos de las dos carabelas y la nao capitana. Tronaron las velas desplegadas y las familias de los marineros lanzaron gritos de despedida. Fuerte soplaba el viento. A lo lejos vi —aún las veo, afanándome un poco— las amplias mangas del prior Juan Pérez, confesor de la Reina, que nos bendecía desde la terraza del convento de La Rábida. Falta iba a hacernos.

Levantando remolinos de espuma entramos en el océano. Todavía distinguíamos la costa cuando se alzó un gran clamor, y casi nos vimos obligados a virar de bordo para no chocar con unas veinte naves, que transportaban

a los últimos judíos expulsados de España. Se habían desprendido de sus posesiones a precios ruinosos, y aún habían tenido que pagar cargas muy onerosas para exhumar los huesos de sus antepasados, que llevaban consigo. El plazo dispuesto por los Reyes había concluido la noche anterior. Se dirigían a Marruecos, y no me hubiera extrañado saber que los capitanes de aquellas naves pensaban venderlos como esclavos. Aún resuenan sus lamentos en mi memoria, y me pregunto lo que entonces no me pregunté: si yo hubiera estado allí, mandando mi flota, de no ser por los influyentes amigos de origen judío que tuve en la Corte y el millón de maravedís que me prestó el converso Luis de Santángel. Qué ironía que los mismos Reyes que acababan de ponerme en el camino de la fortuna y que tanto esperaban de mí fuesen los causantes de tanto dolor. Los tristes cánticos de los expulsados se apagaron en nuestros oídos mientras continuábamos rumbo al Sur.

A la puesta del sol estimamos que habíamos recorrido sesenta millas romanas o quince leguas, desde que entramos en la mar. Como el viento nos era propicio, hicimos rumbo directo a las Canarias, al Suroeste. Encendimos los fanales y los colgamos a popa, de modo que los barcos no se perdieran de vista unos a otros en la oscuridad. Antes de montar el servicio nocturno convoqué a toda la tripulación; les exhorté a esmerarse en la guardia y entonamos la Salve marinera. El grumete más joven quedó encargado de darle vuelta a la ampolleta y de cantar las horas.

Pasé en cubierta aquella primera noche a bordo, caminando arriba y abajo. Mis sentimientos eran encontrados. De un lado, en alta mar me sentía aliviado y a salvo, porque mientras estuve en tierra siempre temí que, pese a las Capitulaciones y a tantas órdenes y decretos firmados por los Reyes, las argucias de mis objetores —cosmógrafos, teólogos o meros intrigantes de la Corte— pudieran acabar triunfando en el último momento, mientras yo me ocupaba en alistar marineros y pertrechar y proveer los barcos. De otro lado, ahora tenía que demostrar que todos aquellos doctos autores y aquellos fundamentos matemáticos que había citado en mi apoyo —yo, que me fiaba más de mi conocimiento de los vientos y las corrientes y de sus variaciones estacionales que de complicados cálculos y aparatos— no eran sólo un tinglado de maravillas montado para dar autoridad a mis promesas.

Desde el principio vi que la nao capitana, a la que había cambiado el profano nombre de *Marigalante* por el de *Santa María*, calaba mucho y era pesada y lenta para la empresa. Algo mejores iban a resultar las dos carabelas, que habían sido fletadas obligatoriamente por la villa de Palos a causa de ciertos desacatos a los Reyes. Empero, las altas velas latinas de la *Niña* no permitían mantener el rumbo tan bien como las velas cuadras de los otros dos barcos. Al cuarto día el timón de la *Pinta* se saltó de sus hembras, por obra acaso de su dueño, un tal Quintero, que iba a bordo a regañadientes y cuyo barco había sido requisado en contra de su voluntad. Con fuerte marejada capeamos mientras Martín Alonso Pinzón, que

9

capitaneaba la *Pinta* y me parecía persona esforzada y de mucho ingenio —luego habría de conocer otras facetas suyas—, lo reparaba provisionalmente. Al día siguiente cargó el viento, y el mentado timón volvió a averiarse. Además, Martín Alonso informó de que el casco estaba haciendo demasiada agua. Los tres navíos hubieron de ponerse de nuevo a la capa mientras se procedía a otra reparación. Pese a tener el viento a favor, todo lo que anduvimos ese día —y aun debiera parecerme mucho, ahora que hasta me cuesta abandonar el lecho— fueron veinticinco leguas.

Decidí que en Gran Canaria intentaría cambiar la *Pinta* por otro barco en mejores condiciones. Insistiendo en que el navío era excelente, y bastaba con repararlo, Martín Alonso se opuso. No iba a ser la última ocasión en que se me enfrentara. Pero ni en Gran Canaria ni en las demás islas encontré embarcaciones apropiadas, y tras perder algunos días con la búsqueda tuve que resignarme a perder otros con las reparaciones. Se calafateó el casco, y se hizo un timón nuevo con sus hembras correspondientes. También cambiamos el aparejo latino de la *Niña* por unas velas cuadras. Lo más interesante que nos acaeció durante nuestra estadía en el archipiélago fue que al pasar frente al pico de la isla de Tenerife observamos que despedía llamas. Mis marineros se aterrorizaron, pero yo, que conocía el Etna siciliano, les expliqué el fenómeno. Aunque convencí a la mayoría, algunos insistieron en que era un mal presagio, y semanas después creyeron ver que se cumplía.

En Gomera, y mientras nos aprovisionábamos de víveres frescos, agua y leña, visité repetidas veces a la gobernadora de la isla, doña Beatriz de Peraza, cuyo marido había muerto en una revuelta local, provocada por él

mismo al seducir a una joven guanche. No había cumplido Beatriz los treinta años, y yo tenía cuarenta y uno... En su casa hablé con gentes de Hierro, la más occidental de las Canarias, quienes me juraron que sus pescadores solían avistar tierra al Oeste cada año. Lo mismo había oído decir en las Azores, donde incluso contaban que al soplar vientos de Poniente arribaban a sus playas árboles de extrañas formas y cadáveres de hombres pintarrajeados.

El 6 de septiembre, tras despedirme de la hermosa viuda y cuando ya estábamos prestos para zarpar, llegó una carabela con la noticia de que nos buscaban tres naves portuguesas, que llevaban orden de hacerme prisionero. Aún no había descubierto nada, y ya querían arrebatármelo.

Tres días tardamos en sentir el empuje del viento del Noreste, que había de conducirnos hasta las Indias. Mientras la marinería se ocupaba sin demasiado acierto del velamen —había entre ellos tantos cristianos de bautizo reciente y pícaros huidos de la justicia como gente del oficio—, pilotos y capitanes calculábamos la posición de los barcos, su dirección y su velocidad. Previendo que la travesía podía alargarse —aunque yo esperaba encontrar Cipango a unas setecientas cincuenta leguas de Canarias, y aproximadamente en la misma latitud—, tuve la precaución de llevar una doble contabilidad, y de anunciar cada día a mis hombres que habíamos recorrido menos leguas de las verdaderas. Al comienzo rebajaba tres o cuatro diarias, pero, a medida que transcurrían las semanas y advertía la ansiedad en sus caras, restaba un número mayor.

El 13 de septiembre, la aguja de la brújula empezó a declinar del Norte al Este. «No ha cambiado la aguja, que es infalible —les dije a mis hombres, que se alar-

maban—, sino las estrellas, que son versátiles.» Dos días después atisbamos un maravilloso ramo de fuego que surcaba el cielo y se hundía en el mar.

Hacía calor, como en el mes de abril en Andalucía, cuando nos salieron al paso enormes masas de algas, que dificultaban la marcha de las naves. Los marineros echaron redes e izaron aquellas plantas aglomeradas, entre las que hallaron un cangrejo vivo; indicio favorable, por cuanto creíamos que los cangrejos no se alejaban de la costa. Pero transcurrieron días y más días sin asomo de tierra, y las tripulaciones empezaron a murmurar. Cuando un pájaro que era como alcatraz se enredó en las velas, el maestro Juan de la Cosa refrenó mi alborozo recordándome que los tales alcatraces podían dormir sobre las olas, y anidar entre ellas.

El viento del Noreste no dejó de acompañarnos hasta el 22 de septiembre, cuando tuvimos una brisa contraria que para mi sorpresa fue bien acogida por la gente, hasta entonces desasosegada por el temor de no encontrar vientos favorables para cuando iniciásemos el regreso. Poco después tuvimos tal calma que algunos marineros se echaron a nadar.

El 25 volvió a soplar el Noreste. Al anochecer de ese mismo día, la *Pinta*, que después de reparada se había vuelto muy marinera y se nos adelantaba siempre, disparó un cañonazo. Cuando le dimos alcance, su tripulación cantaba de rodillas el *Gloria in excelsis Deo*, y Martín Alonso decía estar viendo tierra a unas veinticinco leguas. Mis hombres y los de la *Niña* se arrodillaron también. Aquella noche no durmió nadie, y al amanecer se

13

disipó la esperanza. La tierra que el mayor de los Pinzones había vislumbrado, ávido de cobrar los diez mil maravedís de renta que los Reyes habían prometido a quien primero la avistase, no era sino un cúmulo de nubes bajas, que ya había desaparecido.

El 1 de octubre confronté mis cálculos con los de los pilotos. Para entonces, mi cuenta real era de setecientas veinte leguas —¿dónde, pues, estaba el dorado Cipango?—, aunque la que mostraba sumaba sólo quinientas ochenta y cuatro.

Las murmuraciones eran ya de tal calibre que se me acusaba de no saber valerme del astrolabio, y de que, pues era incapaz de entendérmelas con las matemáticas, de nada me servía el mapa de Toscanelli que llevaba en mi recámara. Y de barco en barco se empezaba a propalar la especie —que Martín Alonso se ocupaba de alentar— de que, en mis mediciones, estaba confundiendo las millas árabes de Alfragán con las millas romanas al uso. ¿Cómo iban a coincidir mis cálculos con los suyos, si yo los disfrazaba? Pero de noche, tendido en mi litera, no dejaba de preguntarme si no tendrían algo de razón aquellos infundios y, empeñado en ubicar el ansiado Cipango a mi alcance, no habría yo disminuido en exceso la anchura del mundo. Y para darme confianza y conciliar el sueño me repetía la larga lista de indicios —públicos unos, los otros secretos— que me habían animado a la empresa: los maderos labrados que cierto piloto había encontrado cuatrocientas leguas al poniente de San Vicente, y que también yo había visto en Porto Santo, pequeña isla donde pasé los primeros años de mi matrimonio; las raras almadías, apartadas de su camino por algún temporal, que habían arribado a las costas de Guinea; los testimonios de errantes pescadores y de cierto náufrago que expiró en mis brazos tras jurarme que había descubierto algunas islas y una gran tierra firme en la ribera opuesta del Mar Tenebroso; las misteriosas ínsulas de San Barandán, Antilia y de las Siete Ciudades que figuraban en ciertos mapas; la Gran Tierra del Oeste y la Vinlandia que, según me dijeron en la brumosa Galway, cuando comerciaba para la firma Spínola y Di Negro, visitaron hace mucho tiempo los *normans*, u Hombres del Norte. Esto último ni siquiera quise contarlo a los Reyes, no fueran a considerar tan segura la empresa que se la encomendaran a otro.

El 7 de octubre, y como recordase que los portugueses habían hallado algunas tierras siguiendo a las aves, decidí cambiar el rumbo, y puse proa al Suroeste, en pos

de unas bandadas de pájaros. Ese día la *Niña* disparó a su vez un tiro de lombarda. Su capitán, Vicente Yáñez, el menor de los Pinzones, veía también tierra donde aún no la había. Tres noches después supe que en la capitana se tramaba una conjura, y que se había llegado a discutir la conveniencia de arrojarme por la borda. Vinieron finalmente los airados marineros a decirme que no podían sufrir más, que se agriaba el vino y se agusanaban los bizcochos y la cecina, y que era tiempo de renunciar a tan larga navegación, que no podía conducir sino a la perdición o a la muerte. Con la misma elocuencia que antaño había empleado en la Corte de Portugal y en la de Castilla, describí la Corte del Gran Kan y las riquezas de Cipango, y les auguré tales glorias y venturas que logré acallarlos. Pero bien sabía que no podría repetir la actuación, y que mi viaje de descubierta tocaba a su fin si algo extraordinario no ocurría, y pronto.

Fue el jueves 11 cuando mi gente encontró flotando una figurilla curiosamente tallada por mano humana. Los de la *Niña*, por su lado, hallaron una rama cubierta de escaramujos. Parcas señales, pero inequívocas. Decían algunos que la brisa olía a tierra. A las diez de esa noche, estando en el castillo de popa, vi lumbre. Y por estar más seguro, llamé a Pero Gutiérrez, repostero de estrados del Rey, y le dije que mirase, y también atisbó la lumbre. Era como una candelilla de cera —como éstas que me alumbran en la posada de Valladolid donde escribo para distraer la espera de la muerte— que vibraba y oscilaba. ¡La renta de diez mil maravedís era mía! Porque, a las dos de la madrugada del viernes, Juan Rodríguez Bermejo, natural de Triana, no hizo sino confirmar mi buena vista al lanzar desde la *Pinta* el grito de «¡Tierra! ¡Tierra!», que a todos nos sonó a música. Al punto amainamos las velas y nos pusimos a la corda, esperando el día. A lo lejos rebrillaban unas hogueras, que me recordaban las que los nativos de Guinea encienden al borde de sus selvas.

Aquella noche, prólogo de tanta grandeza y de tanta amargura como vendría luego, tampoco dormí. Nubes de pájaros sobrevolaban continuamente las naves, mientras yo me desvelaba pensando en la gloria de Descubridor —la que más aprecio—, que por fin se hallaba ante mí, y que casi podía tocar alargando un brazo.

Cuando el sol —como un telón que se levanta— empezó a mostrar acantilados y rompientes, largamos las velas. Costeamos hacia el Sur y después hacia el Norte, siguiendo la forma de la isla. Porque una isla era, baja y frondosa, llena de peligros y promesas. Finalmente encontramos un abra lo bastante amplia para usarla como fondeadero. Me puse un jubón escarlata, y también los demás vistieron sus mejores galas a bordo de las naves. Del arca grande saqué la bandera real, montándola en asta, e igual hice con las dos banderas con cruces verdes que habrían de llevar mis capitanes, y que bajo sus correspondientes coronas ostentaban las iniciales de los Reyes. Fue-

ron echadas al agua las barcas y bateles, y —por lo que
pudiese suceder— desembarcamos armados con espadas,
lanzas y ballestas.

Me pareció que la tierra temblaba bajo mis pies cuando llegamos. Momento álgido de mi vida: las arenas res-
plandecientes, las frondas de las palmas recortándose contra el cielo. Ni un solo edificio, ni un tejado, ni una barca
anunciando la presencia de los hombres cuyas hogueras
habíamos divisado en la noche. Tirando de espada, corté
unas hierbas, arranqué la corteza de un arbolillo próximo
y convoqué a los capitanes, al escribano y al veedor, para
que atestiguaran que tomaba posesión de la isla, a la que
bauticé como San Salvador, en nombre de los Reyes. Dije
las solemnes frases prescritas para la ocasión, y así hice
míos todos los títulos ofrecidos: Almirante de la Mar Océana, Virrey y Gobernador de las Islas y de la Tierra Firme.
Los que se encontraban conmigo en la playa me saluda-
ron en calidad de tal. Nos arrodillamos, besé la tierra.
Había iniciado una plegaria de gratitud cuando nos llegaron ruidos de voces y aparecieron unos hombres desnu-

dos, que aprensivamente se dirigían hacia nosotros desde los árboles.

Tras el susto inicial, algunos de los nuestros se echaron a reír. ¡Para aquello nos habíamos provisto de cascos y corazas! Los nuevos vasallos de Castilla —pues ya lo eran aunque lo ignorasen— no llevaban más armas que unas azagayas de madera, con un diente de pez atado en el extremo. Al mostrarles las espadas, las asieron por el filo y se cortaron. Eran todos de frente ancha y buena estatura, ni negros ni blancos sino del color de los guanches, con los cabellos gruesos como cola de caballo y la cara pintada. Luis de Torres, judío bautizado que hablaba hebreo y algo de arábigo —Santángel me lo había recomendado como intérprete, por si acaso encontrábamos en las Indias a alguna de las Doce Tribus Perdidas de Israel— habló con ellos sin que le entendiesen. Nos pareció que eran hombres mansos, aptos para convertirse en servidores obedientes y humildes. Algunos traían papagayos verdes e hilo de algodón en ovillos, y nos lo trocaban por otras cosas que les dábamos, como cuentecillas de vidrio y cascabeles. Se maravillaban de nuestras barbas —casi blanca la mía—, y los más atrevidos nos las tocaban y tiraban de ellas.

Aquel día no hicimos más, y volvimos seguidos por los indios, que como por arte de magia habían hecho surgir de la maleza unas almadías, hechas de un solo tronco de árbol, y tan grandes que una de ellas no transportaba menos de treinta hombres; llevaban remos como palas de hornero. Gran maravilla fue para ellos ver cómo izábamos los bateles. Y, ya en la nao, miraba yo con renovado orgullo a los bellacos que, dos días antes y prestos a amotinarse, habían alzado la voz ante mí con el pretexto de que se estropeaban las provisiones.

A la mañana siguiente desembarqué de nuevo, y con asombrado sobresalto advertí que algunos indios se adornaban las narices con pedazuelos de oro. Por señas pude entender que hacia el Sur había otra isla donde un poderoso Rey —acaso el Gran Kan— custodiaba un tesoro de oro y piedras preciosas. Estuve en dos o tres aldeas, y en todas me dijeron lo mismo y me preguntaron si habíamos llegado del cielo. Como se negaban a acompañarnos, mandé tomar prisioneros a siete de aquellos hombres, que a trallazos metimos en las calas, sin reparar en lamentos.

Nuevamente nos hicimos a la mar, tras haber amarrado en la proa a los cautivos, para que guiasen nuestra navegación. Llevábamos recorridas muy pocas leguas cuando un vasto archipiélago empezó a dibujarse en el horizonte. Volví a acordarme de Marco Polo, quien calculaba en más de siete mil las islas del mar de Catay, y hablaba de la existencia en todas ellas de cantidades fabulosas de oro. Pero los habitantes de la segunda isleta que pisamos, y a la que di el devoto nombre de Santa María de la Concepción, iban también en cueros —salvo las mujeres,

que por todo traje llevaban cosillas de algodón que escasamente les cobijaban su natura— y eran tan pobres como
los de San Salvador. Ya no me satisfacía yo con los adornos de narices y orejas, aunque no nos costaban sino
bonetes rojos y cascabeles que nada valían, y con impe-
riosos ademanes les exigía que nos pusiesen sobre el buen
rumbo del oro. La codicia que me embargaba me impedía
entender que aquellas gentes no querían sino alejarme de
sus poblados, y que los cautivos que les habíamos hecho

nos llevaban de un lugar a otro con la sola intención de escapar. Bauticé nuevas islas: Fernandina e Isabela. Sus habitantes me hablaban ahora de la gran tierra de Colba, o Cuba, donde además de oro parecía haber perlas, y hasta especias, y yo imaginaba que aquél podía ser uno de los muchos nombres de Cipango.

No era Cipango, bien lo sé ahora, pero sí la tierra más hermosa que ojos humanos habían visto. La llamé Jua-

na, en honor del príncipe don Juan, hijo de los Reyes. Tenía altas montañas, árboles muy diferentes de los nuestros, sabrosas frutas desconocidas, ríos caudalosos, peces de finos colores y bandadas de loros y otros pájaros que cantaban bellamente y oscurecían el cielo. Las chozas eran de base redonda, como las tiendas de los moros, y llevaban techos de hojas de palmera. Sus moradores, que huían siempre al bosque, no dejaban en ellas sino perros mudos

y máscaras de madera tallada. No había oro; con razón podía decirse que brillaba por su ausencia.

De los siete indios que habíamos capturado, se habían fugado dos. A los que nos quedaban los había yo acostumbrado, para que dejasen de gemir y de lamentarse, a beber del vino, algo agrio ya, que llevábamos en abundancia. Embriagados, me decían que las gentes de Cuba estaban en guerra con el Gran Kan, a quien ellos llamaban Kami, y a su país Faba, Saba o algo parecido. Gran verdad es que uno oye lo que quiere oír.

Estando fondeados en Río de Mares, un estuario en el que se unían tres ríos, tomé varias veces la altura de la estrella polar con el cuadrante. Anoté 21° y puse 42° en mi Diario, para confundir a quien quisiera aprovecharse de mis descubrimientos. Precaución inútil, como luego se ha visto, pues bien pronto habrían de ir y venir más barcos, y sería imposible conservar el secreto de las latitudes.

Como los indios afirmaban que desde aquel estuario podía irse por tierra a la Corte del Rey de Cuba, envié a dos de ellos como guías para acompañar al intérprete Luis de Torres y a Rodríguez Bermejo, quien parloteaba más de un dialecto africano. Tres días después regresaron; habían estado en un poblado de chozas de palma, cuyo jefe, que iba tan desnudo como los que ya conocíamos, nada sabía de oro ni de especias. Una vez más se me alejaban, pues, las calzadas de mármol y las techumbres de oro que Marco Polo había descrito con tanta fruición. Lo único que encontré en Río de Mares fueron unos tubérculos llamados mames, parecidos a las zanahorias aunque con sabor a castañas, y los árboles de la almáciga, tan grandes como los que en mi juventud había visto en la isla griega de Quío. Observé una curiosa costumbre: que hombres y mujeres se ponían en la boca un tizón de hierbas enrolladas y lo chupaban, inhalando el humo.

Un día antes de zarpar de Río de Mares, y para que los indios que llevaba conmigo se comportasen mejor, y también los españoles, tomé siete mujeres, entre chicas y grandes. De noche se allegó a la nao el marido de una de ellas, pidiéndome que le dejara venir con nosotros; tanto imploró que consentí. Para agradecer mi buena disposición, y acaso porque había oído cuánto me importaba el oro, aquel indio me habló de una isla llamada Babeque, donde los habitantes, con ayuda de antorchas, recogían nueces de oro en las playas durante la noche, para luego convertirlas en barras. Esto, al menos, es lo que yo y mis hombres entendimos.

Siguiendo sus indicaciones llegamos a un lugar que se me antojaba la extremidad oriental de Juana y del mundo, y desde allí vislumbramos al Noreste una isla dorada, que al decir del indio era Babeque. Hacia ella arrumbamos, pero los vientos soplaron en nuestra contra durante varios días. Sin dar explicación alguna, Martín Alonso Pinzón hizo que la *Pinta* se separase de la *Santa María* y de la *Niña*. Aunque disparamos algunas lombardas para llamar su atención, hizo caso omiso. Era obvio que envidiaba mis méritos y que pretendía llegar solo a la esquiva Babeque, aprovechando la mayor capacidad marinera de su nave.

Tras reparar fuerzas repetimos el asalto, pero el viento volvió a ponerse en contra, y seguimos al Sureste. Los confines de la tierra no eran tales: la costa continuaba.

Un día observamos a cientos de hombres desnudos, que blandían lanzas y nos gritaban desde la playa. Fuimos hacia ellos y desembarcamos con cuidado. Llevaban los rostros pintados de rojo y cercos azules en torno a los

ojos y los labios. Parecían prestos al ataque, pero de repente mudaron de actitud y echaron a correr hacia el bosque. Vimos campos labrados y grandes aldeas. En una choza hallamos un cestillo con un cráneo; tal vez perteneciese a un antepasado notable. Contaba Marco Polo que los dioses de Cipango tenían al menos cuatro brazos cada uno, y cabezas de bueyes y elefantes. Pero los ídolos que adoraban los indios de Juana eran toscas figurillas de piedra, de boca abierta y orejas alargadas. Hace dos noches, aquí en Valladolid, soñé con uno de aquellos ídolos, que por el suelo se arrastraba hacia mi cama. Antes de que me alcanzase, desperté, cubierto de un sudor frío.

Avistamos fondeaderos de todos los calibres: algunos lo bastante grandes como para acoger a todas las naos de España, y otros profundos y redondos como escudillas. Vino al fin un promontorio donde la tierra acababa, pero seguimos adelante hasta que, por la proa, la bruma en el cielo fue convirtiéndose en una cadena de montañas azules.

¿Acaso habíamos vuelto a Castilla? Porque, antes incluso de pisar tierra, distinguimos arboledas que parecían de robles bajos y madroños, y cultivos como de panizo. Yendo en batel saltó una lisa a bordo, y aquél fue el primer pez que vimos en las Indias como los de España. Y, puesto que hasta los cantos de los pájaros nos recordaban a los ruiseñores, no pude por menos que llamar La Española a la isla. Empero, los indios de Juana mostraban gran aprensión y murmuraban que aquella era tierra de caníbales, hombres diabólicos que devoraban a sus prisioneros. Y también que estaba unida a un gran continente, llamado Caniba o Caribata. Tenía yo para mí que Caniba debía ser alguna provincia regida por un príncipe

tributario del Gran Kan, y que, aunque hubiera errado el camino de Cipango entre todas aquellas islas, no podía errar el de Catay en el continente de Asia.

Al fin pareció que nuestros trabajos iban a tener recompensa. Fuimos bien acogidos en un poblado donde nos entregaron de buena gana los adornos de oro que llevaban en narices y orejas, sin pedir nada a cambio. Dos indios me enseñaron antiguas y profundas heridas en sus miembros, y me dijeron que los habitantes de Caniba les habían arrancado la carne a bocados. Uno tenía una pieza plana de oro, del tamaño de la palma de la mano, pero no quiso venderla entera; antes la rompió y cambió los pedazos por cuentas de vidrio y sortijas de latón. Otro, a quien se veía de mayor categoría y al que llamaban cacique, fue a bordo de la capitana y comió en mi mesa, con modales que no hubieran desmerecido en cualquier Corte de Europa. Después me entregó dos pedazos de oro labrado, a los que correspondí con unos zapatos colorados y un frasco de agua de azahar, que le causaron gran alborozo. Me aseguró que el oro no era de allí, donde no había minas, sino de Babeque; preguntado por su ubicación, señaló vagamente hacia el Norte.

Antes de zarpar puse en la plaza de aquel poblado una gran cruz, para que los indios entendiesen que todas aquellas islas habían de ser cristianas. Nos ayudaron a erigirla y después se inclinaron para adorarla.

Otra vez, como siempre que nos dirigíamos a Babeque, tuvimos el viento y la corriente en contra. Finalmente retrocedimos y entramos en un gran puerto, el mejor y más seguro que en mis veintitrés años de marinería había visto. Más de mil nativos fueron a recibirnos, y los que no cabían en las canoas se acercaban a nado, todos colmados de regalos para los hombres procedentes del cielo. Las mujeres eran muy hermosas, y tan blancas como las de Castilla.

Llegó una gran canoa con un mensaje de Guacanagarí, cacique de Marien, quien deseaba que le visitase en su residencia y me enviaba una máscara con orejas, nariz y lengua de oro. Al alba del día de Navidad zarpamos para cumplimentarle. Como no había dormido en dos días y una noche, a causa de las continuas visitas de los indios a la nao, y el trayecto no parecía ofrecer peligro, me acosté. Otro tanto hicieron los demás, incluido el marinero que llevaba el timón, y que, por haber calma, lo entregó a un grumete. A media noche oí un grito y sentí que habíamos encallado. De inmediato me levanté y di instrucciones a Juan de la Cosa para que embarcase en el batel y ayudase a poner la nao a salvo. Pero el maestre, en lugar de ayudarnos, se alejó remando hasta la *Niña*. Viendo que huía de nosotros, Vicente Yáñez se negó a recogerlo, y envió su propio batel a socorrernos. Pero ya hacíamos agua, y todos tuvimos que refugiarnos en la *Niña*. Avisado de lo ocurrido, el cacique Guacanagarí ordenó a su gente que nos ayudase a descargar cuanto llevábamos. Y tan bien se portaron que no echamos a faltar ni una aguja. Tras salvar víveres y pertrechos, los indios nos ofrecieron tanto oro que llegué a pensar si el naufragio no sería cosa de la Providencia, que de aquel modo nos recompensaba. Guacanagarí me obsequió con collares y anillos y me dijo que hallaría todo el oro que quisiese en una tierra llamada Cibao. Entendí que Cibao era una parte de La Española, y otro de los nombres de Cipango. ¿No se habrían equivocado los cartógrafos al dibujar Cipango corriendo de Norte a Sur, y no de Este a Oeste? Por eso no lo había encontrado antes. Ya me veía corrigiendo todos los mapas.

Pero ahora no me quedaba sino un barco, y no debía arriesgarme si quería volver a España a transmitir las buenas nuevas a los Reyes. De modo que, con los restos de la *Santa María*, mandé levantar una torre y una fortaleza, y limpié de árboles y obstáculos los alrededores para que las lombardas tuvieran tiro libre. Llamé a la fortaleza La Navidad, por haber embarrancado tal día, y otorgué su mando al alguacil Diego de Harana. Con él dejaría a treinta y seis voluntarios.

Tras cargar con madera, agua y víveres para el largo regreso, zarpamos de La Navidad. El viento soplaba a menudo en contra, y la mar era de aguas poco profundas hasta alguna distancia de tierra, por lo que siempre debíamos estar alerta. Al tercer día descubrimos a la *Pinta*, que se dirigía hacia nosotros. Martín Alonso vino a la *Niña* a excusarse y yo disimulé mi enojo, porque no era momento de pensar en castigos sino de volver a España. Me contó que había estado en Babeque y que no había encontrado oro alguno, pero no le creí. Calafateamos las carabelas, que habían empezado a hacer más agua de la normal, y al renovar las provisiones de agua en un río vimos tres sirenas, que emergieron de repente y se queda-

ron mirándonos. Doy fe de que no son tan hermosas como las pintan.

Dos días después nos hicimos a la vela de nuevo. Como antes nos maravillaba el tamaño de Juana, ahora lo hacía el de La Española. Habíamos desembarcado en una playa arenosa para recoger pimientos cuando se presentaron más de cincuenta indios, con penachos de plumas de papagayos y armados con arcos y flechas. Nos vendieron dos arcos, pero pronto se cansaron de comerciar y arremetieron contra nosotros. A uno lo herimos con una espada en las nalgas, y otro recibió una saeta en el pecho. Los demás huyeron, salvo cuatro jóvenes que capturamos para llevarlos a Castilla. Llamamos al lugar Puerto de las Flechas.

Como el viento refrescara, decidimos no entretenernos más. El trabajo de las bombas era duro, porque las carabelas padecían de broma y seguían haciendo agua. El palo de mesana de la *Pinta* estaba debilitado por la carcoma, y no podía largar toda su vela. Más le hubiera valido a Martín Alonso obtener un buen mástil en las Indias que buscar oro en Babeque.

Hacia el 1 de febrero encontramos los primeros vientos del Oeste, que debían llevarnos de regreso. Once días después la mar se hizo muy gruesa. Se cruzaban las olas y con gran estruendo rompían unas con otras, amenazando con hacer zozobrar las carabelas. Llegada la noche, hicimos señales con los faroles para mantener contacto en la oscuridad, pero la luz de la *Pinta* se debilitó hasta desaparecer. Arrastrado por los vientos, Martín Alonso iría a dar a las costas de Galicia, desde donde escribiría a los Reyes una carta colmada de infamias, ofreciéndose —acaso con la secreta esperanza de que me hubiera ahogado— a darles noticia del descubrimiento; pero plugo a la Providencia que entregase el alma a los pocos días de su llegada; quiero decir que se murió.

Ahora todos estaban temerosos en la *Niña* a causa del temporal, y los marineros —salvo tres hombres de Palos que al enrolarse habían obtenido el perdón real y escapado de la horca— maldecían la hora en que habían subido a bordo. En cuanto a mí, lo que más me preocupaba era que cuanto había descubierto con tantos esfuerzos y dificultades pudiera perderse para el mundo. Por eso escribí en un pergamino la historia de mi navegación y, tras envolverlo en un paño encerado y atarlo bien, lo introduje en un barril y lo tiré por la borda. A veces me pregunto a qué costa arribaría, y si lo habrá leído alguien. Luego pasé tres días sin dormir; mis piernas estaban casi paralizadas por la humedad y el frío.

Hasta el 17 de febrero no descubrimos una isla rocosa que era Santa María, la más oriental de las Azores. Allí

fondeamos y tuvimos un enfrentamiento con los portugueses, que detuvieron a algunos de los nuestros. Mucho me costó rescatarlos, porque el capitán que los había apresado no reconocía la autoridad de los Reyes de Castilla.

Una semana después empezó a soplar viento del Suroeste, que nos permitió seguir el viaje. Tuvimos luego un fuerte chubasco, que nos rifó todas las velas, y a punto de zozobrar hicimos voto de ayuno el primer sábado que llegásemos a tierra. A palo seco continuamos hasta Sintra, que está a la entrada del Tajo.

Las nuevas de que una carabela española había vuelto de las Indias se habían propagado ya por toda Lisboa, y en los días siguientes la cubierta de la *Niña* se llenó de curiosos que querían saber del viaje, y ver y tocar a los indios. En aquel tiempo Lisboa padecía una plaga, y para mayor seguridad el rey Juan II se había trasladado al monasterio de Val de Paraíso, a nueve leguas de la ciudad. Desde allí me envió una carta invitándome a visitarle. No podía negarme, y además quería ver de nuevo a quien años antes, incrédulo, se había negado a financiar empresa de tanta importancia. Fue un viaje lento, en medio de la lluvia. El Rey me recibió muy bien y expresó su satisfacción por mi éxito, pero añadió que todas las islas y países recién descubiertos le pertenecían, según el tratado de Alcaçovas. Le contesté que nunca había visto ni oído aquel tratado, y que Sus Majestades sólo me habían dado órdenes de no ir a Guinea. Conociendo por mi relato y las gesticulaciones de dos indios que me acompañaban la magnitud y riquezas de las tierras descubiertas, no pudo encubrir su dolor, y con gran ímpetu se golpeó el pecho. Rumores me llegaron después de que algunos cortesanos se habían ofrecido para matarme e impedir así que fuese a Castilla, pero el Rey se había opuesto.

Las averías de la *Niña* habían sido reparadas en Lisboa durante mi ausencia, y no tardamos en zarpar. Pocos días después pasamos frente al convento de La Rábida, y con lágrimas en los ojos reconocí las casas y la iglesia de Palos. Saludamos disparando las lombardas. Era el 15 de marzo de 1493.

Para cumplir los votos que habíamos hecho durante los temporales emprendimos dos cortas peregrinaciones desde Palos hasta Huelva y Moguer. Hice luego solemne entrada en Sevilla con algunos de los tripulantes y todos los indios. Una semana más tarde recibí una carta de los Reyes, que se hallaban en Barcelona, en la que me pedían que fuese a verlos y me reafirmaban en los títulos de Almirante, Gobernador y Virrey de las Indias.

Muchas veces, en los momentos de mayor aflicción, he vuelto a evocar aquella recepción en Barcelona. Altos cortesanos me recibieron en las afueras de la ciudad, engalanada como para una fiesta, y me escoltaron hasta el salón del trono. Al entrar yo, los Soberanos se levantaron, y cuando quise arrodillarme y besarles la mano hicieron que me incorporara y que ocupase asiento junto a ellos.

Tras describirles mi viaje y las tierras descubiertas les presenté a los indios emplumados, con sus papagayos y perros silenciosos, que mucho agradaron a la Reina, y les mostré el oro en todas sus formas: coronas, máscaras, cintos, ornamentos, gruesas pepitas y polvo de oro. Los Soberanos se arrodillaron, y con ellos todos los presentes, agradeciendo a Dios que hubiese puesto aquello en nuestras manos. Cantó el coro un solemne *Te Deum*. Y en días sucesivos, en sus salidas por la ciudad, el rey Fernando me invitó a cabalgar a su lado y junto al heredero, privilegio reservado a los miembros de la realeza.

    ¡Qué diferencia con estos últimos tiempos, en que han debido pasar semanas enteras antes de que ese mismo Rey se dignase recibirme!

    Amanece en Valladolid. Aquí he de detenerme. Ya no puedo escribir sino de noche, porque de día lo acerbo de los dolores me priva del uso de las manos.

II

Valladolid, 16 de mayo de 1506

ué extraño es que, estando mal de la vista y de los dientes, e hinchado de pies y manos, sueñe todavía con viajes remotos. No temas, me digo; pronto emprenderás uno muy largo, sin necesidad de regreso.

Preocupados por las reclamaciones portuguesas, los Reyes negociaban con el Papa el reconocimiento de sus derechos sobre las tierras por mí descubiertas. Mientras, no cesaban de acuciarme para que volviese a las Indias. Pero reclutar diecisiete buques, como ellos querían, con sus pertrechos y tripulaciones, me llevó algún tiempo, y no estuve en condiciones de zarpar hasta el 25 de septiembre de 1493. La capitana se llamaba *Santa María*, como su antecesora, y había otras dos naos grandes; el resto eran carabelas, y entre ellas figuraba la *Niña*. Conmigo vinieron mi hermano menor Diego, el cosmógrafo fray Antonio de Marchena —los Reyes querían asegurarse de que iban a conocer la ubicación exacta de las islas— y algunos clérigos. El cirujano principal era un tal Chanca. Llevábamos vino para dos años, pero tan mal hicieron su trabajo los toneleros de Cádiz que gran parte del mismo se vertió durante la travesía.

Celebramos la llegada a Gomera con salvas de artillería en honor de la gobernadora, que aún se me antojó más hermosa que en el recuerdo. Antes de seguir viaje entregué a todos los navíos un pliego cerrado y sellado que incluía noticias del rumbo que habían de seguir para llegar a La Navidad, con la orden de que no fuese abierto salvo si los vientos los separaban de mí.

Pero no navegamos directamente hacia La Navidad, sino en busca de unas islas que, según los indios capturados en la Bahía de las Flechas, se hallaban más al Este. La primera tierra que vimos, veintiún días después de abandonar La Gomera, fue una isla alta y montañosa, a la que puse el nombre de Dominica por haberla encontrado en domingo. Como no había en ella lugar para fondear pasamos a la isla siguiente, a la que bauticé como Marigalante. Allí, saliendo a tierra, volví a ratificar la posesión que, en nombre de los Reyes, había tomado de todas las islas y tierra firme de las Indias en el primer viaje. Mala memoria guardaron mis marineros de Marigalante, pues en un momento de descuido probaron una fruta que allí crecía, y tan pronto la tuvieron en la boca sintieron un fuerte dolor. Pese a los esfuerzos del doctor Chanca, sus caras se hincharon, y a punto estuvieron de volverse locos. Luego supimos que los caribes extraen de aquella fruta el veneno para sus flechas. Arrumbamos luego hacia una isla muy alta, donde había una cascada que parecía bajar de las nubes, y que brillaba tan intensamente como una masa de roca blanca y cristalina. Uno de mis capitanes fue a tierra con varios hombres, y en un poblado abandonado hallaron cinco huesos limpios de carne, que correspondían a los brazos y piernas de un cuerpo humano. Permanecimos una semana en aquella isla, porque once de los nuestros, reunidos con propósito de pillaje, se internaron en la selva y, como no podían guiarse por el sol a causa de la espesa vegetación, se desorientaron. Viendo que no volvían organicé su búsqueda con doscientos hombres, que les llamaban con trompetas y cuernos. También tardaban, y a ratos temí más la pérdida de los doscientos que la de los once. Mas Dios se apiadó de los buscadores, permitiéndoles regresar, y ya creíamos que los once habían sido devorados por los caribes cuando avistamos fuego en la cumbre de una roca, y pensamos que allí estaban. De no haber sido por una vieja, que nos indicó por signos el modo de llegar hasta ellos, se habrían perdido, pues nos disponíamos a zarpar al día siguiente.

En aquella isla tomamos doce mozas de quince y dieciséis años muy hermosas y regordetas, y dos muchachos de la misma edad. Estos habían sido castrados, acaso para evitar que tuvieran relaciones con mujeres o, posiblemente, para que engordaran y comerlos. Más tarde fueron enviados a España, a fin de que los Reyes los vieran. Las mujeres caribes llevaban franjas de algodón bien ceñidas en las piernas, inmediatamente debajo de las rodillas y en los tobillos, de modo que las pantorrillas les quedaban hinchadas. Mi gente se holgaba con ellas.

Durante varios días navegamos a lo largo de una cadena de isletas, que bauticé con nombres de vírgenes y santos. Un día, mientras estábamos en una isla que los indios llamaban Ayay, y a la que yo bauticé como Santa Cruz, vimos una canoa con cuatro hombres caribes, dos mujeres también caribes y dos esclavos castrados, que todavía tenían las heridas recientes. Subimos al batel y empezamos a perseguir a la canoa. Al acercarnos, los caribes dispararon sus flechas, una de las cuales atravesó el escudo de un marinero y penetró tres pulgadas en su pecho, por lo que al cabo de tres días fallecería. Tras una dura lucha capturamos la canoa con toda su gente. Uno de los caribes estaba herido por un golpe de espada, y creyéndole muerto lo arrojamos al agua, pero en seguida empezó a nadar. Con el ancla del batel lo cogimos y lo llevamos al costado de la nao, donde le cortamos la cabeza con un hacha. Más tarde enviamos los otros caribes a España, junto con los esclavos. Denominamos a aquel lugar Cabo de las Flechas, en memoria del marinero muerto.

A causa de los vientos tuve que dirigirme al Norte, a un archipiélago tan pródigo en islas que recibió el nombre de Once Mil Vírgenes, en recuerdo de las que fueron asesinadas en Colonia por las hordas de Atila.

Días después arribamos a una costa baja que parecía ser el Puerto de las Flechas, en La Española, donde habíamos tenido una escaramuza con algunos indios en el viaje anterior. Sólo uno de los cuatro mozos que entonces capturamos había sobrevivido y volvía ahora. Iba vestido a la europea, estaba bautizado y hablaba algo de castellano. Lo envié a tierra para que diese noticia de nosotros, y al despedirse me prometió que enseñaría a su gente lo que había aprendido.

Cerca ya de La Navidad fondeamos junto a un río y descubrimos los maltrechos restos de dos hombres, uno con una cuerda alrededor del cuello y el otro con los pies atados. Ya no era posible distinguir si pertenecían a cristianos o a indios. Al día siguiente hallamos otros dos cadáveres, uno de ellos con señales de barba. Como sabíamos que los indios eran barbilampiños, empezamos a temer por los ocupantes del fuerte. Se dispararon dos lombardas, pero no hubo contestación. Al anochecer se acercó una canoa con seis indios, que me llamaron por mi nombre y no quisieron subir a bordo hasta que les mostré mi cara iluminada por un farol. Uno de ellos dijo ser pariente de Guacanagarí; me saludaba de su parte y me invitaba a visitarle en tierra. Les pregunté por los cristianos de La Navidad, y las respuestas fueron evasivas. Cuando se marcharon bogando en la oscuridad, los intérpretes indios me contaron que, según habían podido comprender, todos los cristianos de La Navidad habían muerto. No quise creerles hasta que, al día siguiente, fondeamos ante la fortaleza y no vimos signo alguno de vida. Tardé en decidirme a desembarcar, y cuando lo hice no encontré sino los restos carbonizados de las empalizadas y las chozas, así como algunos harapos. Di órdenes de excavar toda la zona al-

rededor de la fortaleza quemada, ya que había dicho a los colonos que enterraran el oro que obtuvieran. Pero no hallamos oro ni nada de valor, y los mosquitos se cebaron en nosotros mientras buscábamos.

Como yo quería construir una nueva población, bogamos hacia una punta que parecía propicia pero que de cerca resultó ser pantanosa y húmeda. De camino visitamos algunas chozas abandonadas, y en ellas descubrimos trozos de paño y una capa morisca que forzosamente había pertenecido a algún colono. Al volver a las ruinas de La Navidad encontramos a un grupo de indios, que comerciaba con las tripulaciones como si nada hubiera sucedido. Interrogados, nos mostraron once cadáveres que yacían bajo las largas hierbas. Habían muerto meses atrás, pero como los restos de sus ropas indicaban que eran cristianos les dimos sepultura.

Días después, un hermano del cacique Guacanagarí vino a la nao capitana con otros indios que sabían palabras castellanas y que conocían de nombre a los pobladores del fuerte. Entre todos me contaron que los colonos habían tenido frecuentes disputas entre sí, a causa de las mujeres y del oro; que, como consecuencia, se habían matado unos a otros, y que una partida había viajado en busca de oro a las tierras de un cacique llamado Caonabo, que era señor de las minas del Cibao. Dicho cacique había dado muerte a todos, antes de ir hasta la fortaleza y prenderle fuego. Combatiendo contra Caonabo por defender a los cristianos, el mismo Guacanagarí había sido herido y había optado por retirarse.

Uno de mis capitanes visitó el poblado donde vivía

Guacanagarí y habló con el cacique, que lo recibió tumbado en su hamaca con la pierna vendada, lo que parecía confirmar el relato de su hermano. También yo fui a visitarle con un grupo numeroso de mis hombres. Llorando expresó su sentimiento por la muerte de los nuestros. Me dio mucho oro, además de quinientas o seiscientas piedras de color talladas, de las que parecía poseer muchas. Como Chanca le dijese que teníamos conocimientos de las dolencias humanas, consintió en que le quitáramos el vendaje. Pero no había más herida en una pierna que en la otra, aunque él pretendía que le producía gran dolor. Aquello bastó para persuadir a muchos españoles de que Guacanagarí era un falso amigo, y los clérigos se mostraron partidarios de detenerlo y castigarlo. Pero yo fui de otra opinión, y dije que le creía, y que todo el mundo podía ver a muchos de sus hombres heridos por armas indias. Invité a Guacanagarí a la nao y le honré llamándole amigo. Los caballos que teníamos a bordo le atemorizaron, pues creía que se alimentaban de carne humana, como las fieras; tras asegurarle que eran inofensivos, se avino a almorzar en mi cámara.

Una mañana, diez de las mujeres cautivas huyeron nadando. Cuatro fueron capturadas de nuevo. Pero, cuando envié un mensaje a Guacanagarí pidiéndole ayuda para encontrar a las otras, descubrimos que el poblado del cacique había sido abandonado, por lo que supuse que tampoco él debía tener muy tranquila la conciencia.

Quería yo llegar a las minas del Cibao, que suponía más al Este. Tan pronto abandonamos el fondeadero de La Navidad encontramos el viento de cara, y más nos costó navegar treinta leguas en contra que hacer todo el viaje desde Castilla. Enfermaba la gente —yo mismo me encontraba débil y con fiebre—, morían los caballos y el ganado, se agotaban los víveres. Finalmente elegí un puerto y, como había allí piedra de cantería y tierra para hacer tejas y ladrillos, decidí fundar una ciudad. Primero construimos una iglesia, un hospital, una morada para mi persona y un almacén de bastimentos de la armada, todo ello de piedra. Luego, siguiendo un trazado previo de calles y plazas, repartí solares donde se alzarían casas de paja, madera y barro. El conjunto recibió el nombre de Isabela, en honor de la Reina. Recuerdo que la campana de la iglesia y su sonido fascinaban a los indios, que se acercaban a escucharla desde la espesura. Ahora la reina Isabel está muerta, y de la ciudad que bauticé con su nombre sólo quedan murallas semiderruidas y casas desiertas. Todo se desvanece, salvo la gloria.

Una plaga de mosquitos nos perseguía continuamente. Para librarse de ellos, los indios se pintaban con los jugos de ciertas frutas; nosotros nos aliviábamos de las picaduras en el agua. Pretendía yo canalizar el río más próximo hacia la ciudad y construir presas y molinos, pero pocos braceros se encontraban sanos, y los soldados que lo estaban rehuían aquella ocupación, que juzgaban servil. Yo era severo con los descontentos y los castigaba, pero los clérigos, que ya me tenían inquina por no haber encadenado a Guacanagarí, hacían causa común con ellos.

Viendo que con la alimentación de que disponía no podía mantener a toda la flota —la carne en salazón se había estropeado por el calor, y la comida de los indios

no se acomodaba a nuestro estómago—, hice regresar doce navíos a España y entregué a Antonio de Torres, que los mandaba, algunas muestras de oro y un largo informe destinado a los Reyes. Entre otras cosas les decía que, a causa de las enfermedades, se había trabajado poco en los cultivos, y solicitaba que se nos enviaran tres o cuatro carabelas con las provisiones más necesarias; sugería, además, que cada año se llevasen abundantes cabezas de ganado a La Española, que a cambio podía suministrar barcos cargados de esclavos caribes. Por cierto que, según supe luego, la mayoría de los caribes que iban con Torres fallecieron en la travesía.

No mucho después de que partiesen los doce navíos descubrí que Bernal de Pisa, alguacil de la Corte, urdía un motín contra mí. Lo encerré en la nao capitana, y como sabía que tenía seguidores ordené llevar a ella todas las armas y municiones que había en las carabelas. Tras colocar aquel arsenal bajo la custodia de quienes me merecían mayor confianza, abandoné Isabela para explorar el Cibao con quinientos hombres, elegidos entre los más sanos.

Veintinueve días entre ida, estancia y retorno, con terrible tiempo, malos alimentos y peores bebidas, empleamos en aquel viaje, cuyo único objetivo era hacer acopio de oro. Llegados al Cibao empezamos a construir un fuerte de madera con el nombre de Santo Tomás. Luego nos pusimos a buscar oro, pero sólo encontramos el que llevaban para adornarse los indios de los alrededores, y eso que todos aseguraban que era una comarca muy rica. Ninguno de nosotros fue a ver al rey Caonabo, señor del lugar, porque nos habían dicho que mandaba sobre cincuenta mil hombres y que se vanagloriaba de haber matado a los cristianos de La Navidad.

En Santo Tomás dejé a cincuenta y seis españoles, muchos de ellos braceros, para completar la construcción. Al regresar a Isabela supe que durante mi ausencia habían muerto muchos enfermos. Los colonos estaban desesperados —se habían embarcado con la idea de un rápido enriquecimiento y ahora se veían obligados a realizar un trabajo extenuante, en un clima insano—, y las cosechas se malograban. Intenté emplear a algunos hidalgos para terminar las murallas de la ciudad, y poco les faltó para rebelarse.

Mientras ponía orden en Isabela envié una expedición al mando de Pedro Margarit, para que reconociese la isla y sometiese a los indios hostiles, y otra al fuerte de Santo Tomás, que quedaba a cargo de Alonso de Ojeda. Días después de su partida, varios hombres de Ojeda volvieron con tres prisioneros y me explicaron que, estando nadando en un río, unos indios les habían robado las ropas para entregárselas a su cacique, que se negaba a devolverlas. Ojeda se fue derecho al poblado, cortó las orejas a uno de los indios y apresó al cacique, a su hermano y a su sobrino; ahora me los enviaba para su castigo. A mi pesar —no podía mostrarme más severo con los españoles que con los indios— les condené a muerte, pero otro cacique que me había prestado un gran servicio intercedió por ellos con lágrimas en los ojos, y terminé por revocar la sentencia.

Ya veía que ni La Española ni Cibao eran Cipango, y lamentaba no haber encontrado las riquezas descritas por Marco Polo, pese a las promesas hechas a los Reyes. Confiando en que dichas riquezas se hallasen en el continente de Asia, y a fin de comprobar si Juana era isla o una parte del continente mencionado, armé tres carabelas con lombardas y falconetes y arrumbé al Oeste con ellas, tras haber otorgado a mi hermano Diego el mando supremo de La Española.

Al cabo de cinco días alcanzamos la costa más oriental de Juana. Desembarqué para plantar una columna con una cruz, y llamé a la punta cabo Alfa y Omega. Allí, en el extremo de la tierra firme del Poniente, se reunió un consejo de los mandos de los navíos, y todos estuvimos de acuerdo en navegar a lo largo de la costa Sur, pensando que, según enseñaba Aristóteles, si había algo bueno debía estar más bien al Sur que al Norte. Continuamos, pues, y en aquella costa descubrimos dos puertos excepcionalmente buenos, y tuvimos noticia de una isla situada más al Sur llamada Jamaica, donde al decir de los indios abundaba el oro.

Tres días después —la tentación era fuerte— fondeábamos en Jamaica, tierra muy verde y alta. ¿Quién podía adivinar que iba a permanecer allí más de un año varado, durante mi cuarto viaje? Gritando y enarbolando

armas, los nativos salieron a recibirnos. Disparamos las lombardas al aire y los ahuyentamos temporalmente, pero al desembarcar nos atacaron con piedras y con lanzas. Matamos a una docena con las ballestas y luego soltamos un mastín en su persecución. Al día siguiente volvieron para rogar que les perdonásemos y nos ofrecieron pan de cazabe y agua. A cambio les dimos cascabeles y otras chucherías. Lo que más me desazonaba era que ninguno parecía saber nada del oro. Cuatro jornadas estuvimos allí, abasteciéndonos. Acabábamos de trasladarnos a otra bahía, a la que yo me había apresurado a bautizar como bahía del Buen Tiempo, cuando sopló un fuerte viento en contra, y a punto estuvo de hacernos zozobrar. Entonces decidimos dejar Jamaica y regresar a Juana.

Curiosamente, tardamos sólo un día en llegar al lugar donde habíamos estado diez días antes. El resto del viaje fue una pesadilla de la que aún no tengo la certeza de haber salido. Siguiendo la costa fuimos asaltados por una tempestad terrible, y pasamos gran trabajo en amainar las velas para luchar contra los truenos, y en mantenerlas para huir de los bajos, que proliferaban en forma de islillas arenosas. Bien es verdad que, cuanto más nos acercábamos a Juana, dichas islillas eran más altas y arboladas. Como me era imposible buscar un nombre para cada una —ya casi había agotado el santoral—, decidí llamarlas, en general, el Jardín de la Reina.

Navegando cierto día con enorme cuidado por uno de aquellos engañosos canales, vimos a unos indios que desde una canoa pescaban una tortuga con ayuda de cierto pez que llevaba una gran ventosa en la cabeza. Les llamamos y no tuvieron reparo en cambiarnos el extraño pez por tres cascabeles. Preguntados acerca de la extensión de Juana, nos explicaron que se prolongaba sin fin hacia el Oeste, y que al Oeste y al Sur la mar estaba llena de islas. Todo correspondía perfectamente con las descripciones de Marco Polo, salvo la pobreza de aquellas gentes y su ignorancia acerca del Gran Kan.

Casi no teníamos agua para beber, y cada hombre había de conformarse con un vaso diario. En cuanto a la comida, probamos de todo, desde los lagartos a los pe-

rros mudos de los indios. Como, pese a las precauciones, las carabelas habían quedado varadas más de una vez, nos alegramos de abandonar el Jardín de la Reina.

Llegados a tierra firme encontramos a otros indios que nos acogieron sin recelo y mencionaron una tierra llamada Magón, que se hallaba al Oeste; de nuevo concebí, pobre iluso, la esperanza de hallarme cerca de la opulenta provincia de Mangi, en Catay. Otros nos decían que en Magón los hombres tenían rabo, y yo me preguntaba si sería posible.

Cierto marinero que había estado cazando en una marisma me informó de que había visto hombres blancos, con vestiduras largas y blancas. Imaginando que pudieran ser súbditos del Preste Juan envié un grupo de veinticinco hombres a entablar relaciones, pero no hallaron sino huellas de grandes animales, que podían pertenecer a grifos o a leones. Pienso ahora que todos estábamos demasiado hambrientos y cansados para saber lo que veíamos.

Y así continuamos navegando, varando y arrastrando las carabelas sobre los bajos, hasta que la fatiga nos indujo a no seguir más y a dar por terminada la descubierta. Pero antes hice firmar a todos los hombres de la flota, desde los pilotos a los pajes, un documento afirmando que Juana debía ser continente, puesto que nunca habían visto o sabido de una isla tan larga.

En el viaje de vuelta estuvimos a punto de perder a la *Niña* en un bajo, y al sur del Jardín de la Reina nos asaltó un temporal tan violento que las carabelas escoraron hasta bañar las cubiertas. Durante muchos días creí llegada nuestra muerte, porque las bombas no podían achicar el agua que entraba. Nuevamente arrumbamos a Jamaica, y la contorneamos por el Sur. Vimos un monstruo marino, de grandes aletas, que en opinión de muchos presagiaba tormenta. No se equivocaron; pronto tuvimos que volver a achicar.

Ya nos acercábamos a La Española cuando, acaso por las grandes fatigas pasadas y la escasez de alimentos, me asaltó una enfermedad, entre fiebre pestilencial y modorra, que casi de repente me privó de la vista y del conocimiento. Desde entonces no han dejado de dolerme los huesos. Por eso no quise seguir hacia las islas de los caribes, como era mi propósito, y preferí volver a Isabela.

Tan grave estaba que tuve que guardar cama durante meses, y mis dos hermanos, Diego y Bartolomé —este último acababa de llegar de España con tres carabelas cargadas de víveres—, no se atrevieron durante ese tiempo a hablarme de los sucesos acontecidos durante mi ausencia. Tardé, pues, en saber que la expedición de Pedro Margarit había terminado en desastre. No pudiendo contentarse con puñados de panizo, casabe y frutas, sus hombres se habían visto reducidos a un estado de desesperación por el hambre y las enfermedades, y se habían apropiado por la fuerza del oro, las mujeres y la comida de los indios. Estos, a su vez, habían organizado represalias, y acechaban y mataban a cuantos españoles podían. En vez de esforzarse por controlar la situación, Pedro Margarit había puesto en duda la autoridad de mi hermano Diego sobre él, y al final se había embarcado con los clérigos, que volvían a España sin haber bautizado a nadie, y acusándome de haberles engañado respecto a la mansedumbre de los indios. Pequeñas partidas de soldados andaban todavía por el interior, empeñadas en luchas individuales y viviendo del saqueo.

A finales del otoño de 1494 regresó Antonio de Torres desde Castilla con cuatro carabelas cargadas de per-

trechos y víveres. Traía también una carta de los Reyes para mí, en la que agradecían mis desvelos y me anunciaban la firma con el Rey de Portugal del tratado de Tordesillas. Como no estaban seguros de la forma práctica de determinar la línea que debía separar los territorios correspondientes, me pedían que volviese para darles mi consejo. Pero yo me encontraba todavía enfermo. Preocupado por el desorden que cundía en el virreinato, tuve que enviar una expedición de castigo contra los indios. Tras algunas escaramuzas, los soldados capturaron mil seiscientos prisioneros, entre los cuales se escogieron los quinientos cincuenta de mejor salud para enviarlos a Castilla como esclavos. Dispuse que cualquiera tomase tantos como quisiera de los restantes, y así se hizo. Todos estaban satisfechos y aún sobraban unos cuatrocientos, a los que dejé marchar. Entre los cautivos había un cacique y dos jefes, que iban a ser ajusticiados pero escaparon de noche.

Acababa yo de dar el título de Adelantado a mi hermano Bartolomé, para hacerle mi segundo en el mando de las Indias, cuando el cacique Guacanagarí, cuya residencia estaba cerca de Isabela, me informó de que otros indios se habían agrupado en un ejército, y planeaban arrojarnos a la mar. Aquel cacique, antes tan apacible, quería ahora vengarse con nuestra ayuda de los caciques más poderosos, que le habían humillado raptando y matando a mujeres de su familia.

Ya había yo recuperado parcialmente mi salud, y al mando de mis soldados fui en defensa del virreinato. Llevaba conmigo a Bartolomé, a Alonso de Ojeda, a Guacanagarí y a unos doscientos ballesteros y mosqueteros. Al encontrar al enemigo dividimos nuestra fuerza en dos grupos, lo que hizo que, al sentir el estruendo por varios lados, los indios huyeran y se encontrasen a los caballos por una parte y a los mastines por otra. En breve fue Dios servido, y los nuestros obtuvieron la victoria. Decidido a anular a nuestro mayor enemigo, Alonso de Ojeda fue al lugar donde se hallaba el cacique Caonabo y le ofreció un salvoconducto para entrevistarse conmigo. Caonabo aceptó, con la condición de que se le entregase la campana de la iglesia, de la que había oído tantas maravillas. Mientras descansaban junto a un río, camino de Isabela, Ojeda sacó unas esposas y cepos muy brillantes y, tras decirle que el Rey de Castilla acostumbraba a llevarlos los días de fiesta, le sugirió que se los probara. Tan pronto como Caonabo se puso los hierros, fueron muertos sus acompañantes. Casi un año estuvo preso el cacique del Cibao en Isabela, antes de ser enviado a Castilla.

Así quedó restablecida la paz en la isla, y pronto hubo tal obediencia y quietud que consideré justo exigir un tributo cada tres meses; toda persona mayor de catorce años debía pagar a los Reyes un cascabel grande lleno de oro en polvo, si vivía en el Cibao, y veinticinco libras de algodón si habitaba en otro lugar. Y para saber quiénes pagaban el tributo mandé hacer una medalla de latón o de cobre, a fin de que quien fuera encontrado sin ella fuese castigado. No tardé en comprender, a la vista de los muchos castigos, que el tributo era excesivo. Pese a cuanto yo mismo había creído y afirmado, en La Española no había verdaderas minas. Los adornos de oro que habíamos recogido en el primer viaje habían sido acumulados durante muchos años, y sólo cabía obtener oro en los ríos, donde había tan poco que llenar medio cascabel era una tarea agotadora, que exigía meses de trabajo. Así, por pagarnos, descuidaban sus campos y pasaban hambre.

Un día de junio de 1495, a la puesta del sol, el cielo entero se volvió rojo como la sangre. Subió la mar en Isabela, y los indios dijeron que algo temible, que ellos llamaban *huracán*, estaba acercándose. Pronto comenzó el viento a rugir con tal fuerza que no podíamos escucharnos unos a otros. Arboles gigantescos fueron arrancados de cuajo, y tres de los navíos anclados en el puerto dieron la vuelta y se hundieron. Era como si hubiera llegado el día del Juicio Final, y más de uno pensó que aquello era un castigo de Dios por el trato impuesto a los indios.

En marzo de 1496 salí de Isabela con la *India*, primera carabela construida en La Española, y la *Niña*. Mi hermano el Adelantado quedaba al mando. De camino, en la isla de Guadalupe, sostuvimos una lucha con mujeres caribes, que defendieron vigorosamente su aldea y sus propiedades. Capturamos a diez de ellas, pero como los barcos estaban abarrotados retuvimos sólo a la mujer de un cacique y a su hija.

Estaba preparado para lo peor, porque me constaba que los Reyes habían escuchado las quejas de los clérigos que habían estado en La Española y las de mis muchos enemigos, que me acusaban de incumplir mis promesas y de no saber gobernar. Pero al llegar a Burgos con los indios medio desnudos y los tesoros de las Indias descubrí que, aunque Isabel y Fernando deploraban mis dificultades para mantener la paz y el orden, se hallaban muy lejos de dar oídos a quienes maldecían de mi empresa. Les hablé de los pueblos que yo había visto, donde podrían

salvarse muchas ánimas, y de los tributos que recaudaba,
y les entregué el oro que llevaba para ellos. Cuando mani-
festé mis temores de que pudieran hacer caso a mis enemigos, Isabel se rió y dijo que no me preocupase.

Viendo que de nuevo lucía sobre mí el sol del favor
real, pedí inmediatamente ocho carabelas.

III

n esta habitación donde me hallo, de redu-
cidas dimensiones y escaso mobiliario, hay un solo or-
namento: las cadenas con que el malvado Bobadilla me
mandó traer aherrojado desde las Indias, al regreso de mi
tercer viaje. Yo, que había ido a ampliar la gloria de España, fiado de los Reyes, volvía como un maleante, encadenado con mis hermanos.

España guerreaba con Francia, y los Reyes estaban
muy ocupados consolidando su dinastía mediante alian-
zas matrimoniales. De ahí que transcurrieran dos años
antes de que pudiese zarpar de nuevo. Para entonces Castilla se había quedado sin heredero varón para el trono; el
príncipe don Juan había muerto seis meses después de
su boda. En acto de especial favor, mis dos hijos, que habían sido pajes suyos, se convirtieron en pajes de la Reina.

Para la expedición se habían fletado en Sevilla seis
barcos, además de la *India* y la fiel y veterana *Niña*, que
ya habían zarpado. Como corría el rumor de que había
corsarios franceses en la ruta a Canarias, y ahora en cambio las relaciones con Portugal eran buenas, nos diri-
gimos primero a Funchal, en Madeira, donde yo había
vivido años antes y mucha gente me conocía. Nos reabas-
tecimos de agua y continuamos hacia el Sur, para llegar
cinco días después a Gomera. Allí dividí la flota; envié tres
carabelas directamente a La Española, y me reservé la nao
Santa María de la Guía y otras dos carabelas para seguir
una derrota algo más al Sur.

Pasamos por las islas de Cabo Verde, donde em-
barcamos sal y cabras. Un año antes, la flota del portugués Vasco de Gama había partido desde allí buscando
la India, por la ruta de Africa. Avanzamos hacia el Suroeste
impulsados por un viento cada vez más leve, que cesó de
pronto. El calor era tan insoportable que nadie se atrevía

a bajar a la bodega para reparar los toneles; el trigo ardía como fuego, los tocinos y la carne salada se asaban y pudrían. Aquellos ardores duraron ocho días, hasta que llegaron las lluvias. A mí me afligía la gota, que no me dejaba dormir.

Como ya había decidido que la primera tierra que descubriésemos en aquel viaje debía llamarse Santísima Trinidad, se me antojó un milagro el que, cuando el marinero que estaba en la gavia gritó: «¡Tierra!», surgiesen tres picos en el horizonte. Al acercarnos, los tres picos se convirtieron en una isla grande, a la que llamé Trinidad. Al día siguiente vimos campos cultivados y humo de fogatas.

Estando fondeados se dirigió hacia nosotros una gran canoa, con más de veinte indios. Eran de piel más clara que los nativos de La Española, lo que me sorprendió; hasta entonces había creído que al aproximarse al Ecuador la piel se ennegrecía. Intercambiamos voces, pero no les entendimos. Tras intentar en vano atraerlos a bordo, mostrándoles una bocinilla de latón y varios objetos brillantes, mandé que los grumetes tocaran un tamboril y bailasen en la toldilla de popa. Bien porque interpretaran aquello como una danza guerrera, bien porque el baile no fuese de su gusto, los indios empezaron a arrojar flechas contra la nao capitana. Les respondimos con las ballestas, y huyeron. No volvimos a ver más indios en Trinidad.

Había al Sur otra isla muy baja, que era como una sombra en el horizonte. Fuimos hasta ella y navegamos por el estrecho que forma con Trinidad, al que llamé Boca de la Sierpe. Aquel estrecho es uno de los lugares más arriesgados que conozco, por su escaso fondo y por la corriente que en él penetra, rugiendo como un torrente. Allí, en plena noche, oímos un ruido terrible y vimos con espanto una ola más alta que los barcos, que venía hacia nosotros. No hizo más que levantarnos y arrastrarnos un trecho, pero durante mucho tiempo tuve el miedo en el cuerpo, pensando que podía habernos aplastado. Así debe de ser la muerte, como una gran ola.

Navegué a lo largo de aquella costa hacia el Poniente. Y, cuanto más andaba, hallaba para mi desconcierto el agua del mar más dulce y sabrosa, como de río. Vimos pisadas en una playa y luego se nos acercaron los pobladores, que llevaban discos de oro alrededor del cuello y brazaletes de perlas. Todo lo que les dábamos lo olían. Sólo las cuentas no atraían su atención, acaso porque preferían las perlas, a las que estaban acostumbrados. Pregunté dónde las obtenían y me dijeron que al Norte, y que aquella tierra que pisábamos se llamaba Parita.

Habíamos fondeado en una bahía muy hermosa, donde los bosques bajaban hasta la orilla, cuando de pronto nos vimos rodeados de infinitas canoas, con indios que me pedían que desembarcase. No me encontraba bien y se me habían inflamado los ojos, pero mi negativa afligió tanto a los indios que hube de enviarles una embajada. De regreso, mi gente me contó que había sido agasajada por dos principales, acaso padre e hijo, en una casa enorme donde los hombres estaban todos juntos en un extremo, y las mujeres en otro.

Continuamos al Oeste, donde la mar se hizo poco profunda, y aparecieron islas bajas al Poniente y al Sur. El capitán de *El Correo*, la carabela de menor calado, se me adelantó para reconocer la costa y las aguas y me informó de que no había podido encontrar un paso hacia el Norte, aunque había entrado en cuatro bahías de aguas claras y dulces. Al principio pensé que no podía tratarse del estuario de un gran río, porque éstos no llevan tanta agua dulce y, además, aquellas tierras no se me antojaban tan grandes como para que en ellas pudiesen nacer grandes ríos. Volvimos hacia el Este y a duras penas dimos con la angosta salida de aquel golfo, al que llamé Golfo de las Perlas aunque no encontramos en él ostra perlera alguna.

Ahora empezaba a perder la vista. Incapaz de hacer personalmente las observaciones y sin fiarme de los demás, ordené seguir un rumbo bien separado de la costa. Pero ello no me impidió advertir que, contrariamente a mi primer parecer, la tierra se extendía mucho para abajo

al Poniente, y que era muy llana. Pensé, pues, que una costa tan larga no podía ser isla, sino tierra firme, y se me asentó en el ánima que allí donde habíamos estado se hallaba el Paraíso Terrenal del que hablan las Sagradas Escrituras, y donde confluyen los cuatro ríos principales: a saber, el Tigris, el Eufrates, el Ganges y el Nilo. Hubiera querido volver atrás en busca del Arbol de la Vida, pero los víveres que llevábamos para la gente de La Española estaban a punto de perderse del todo, y pensé que debía apresurarme. Además, mis ojos necesitaban un descanso; tal vez habían visto demasiadas cosas.

Desde el Golfo de las Perlas arrumbamos directamente a La Española y fondeamos junto al islote de Madama Beata. Distábamos cincuenta leguas de Santo Domingo, la nueva capital que sustituía a Isabela y a la que Bartolomé había puesto el nombre de nuestro padre. Mientras nos reabastecíamos nos visitaron seis indios. Llevaba uno de ellos una ballesta española, y ya empezaba yo a sospechar que se había repetido la tragedia de La Navidad cuando vimos una carabela que se acercaba. Era mi hermano el Adelantado, que había sido informado de que una flota navegaba al Oeste y salía a mi encuentro.

Las noticias que llevaba consigo eran desalentadoras. Muchos colonos habían muerto, principalmente por las enfermedades y las privaciones. Como no llegaban barcos desde hacía dos años, y corría el rumor de que yo no gozaba ya del favor de los Reyes, unos cuantos se habían sublevado contra mis hermanos, en quienes veían a dos extranjeros que sólo se ocupaban de recaudar tributos y conseguir esclavos. El cabecilla de la rebelión era Francisco Roldán, que había sido alcalde de La Española. Aliado con Guarionex, antaño un cacique muy poderoso, había intentado tomar en dos ocasiones el fuerte de Concepción de la Vega. Pocos meses antes, al llegar la *Niña* y la *India* con sus abastecimientos y la nueva de que yo me disponía a volver a La Española, los rebeldes habían abandonado y se habían retirado a Xaragua. En cuanto a Guarionex, el Adelantado lo había prendido atacando su poblado de noche, cosa que los indígenas, que sólo sabían guerrear de día, no esperaban.

Roldán y sus secuaces podrían haber terminado en aquel punto; pero los tres navíos de abastecimiento que me habían precedido desde Gomera habían ido a fondear al puerto de Xaragua, no lejos del campamento rebelde.

Ignorantes de la sublevación, los capitanes habían dejado bajar a tierra a la mayor parte de las exhaustas tripulaciones, que se habían puesto del lado enemigo. Los pocos que habían permanecido a bordo habían conseguido llevar los navíos a Santo Domingo, pero la hueste de Roldán, un tanto reforzada, asediaba de nuevo el fuerte de Concepción de la Vega.

Preocupado por aquellos acontecimientos, aproveché el regreso de dos de mis barcos a España —con el correspondiente cargamento de esclavos indios, palo brasil, algodón, oro y perlas— para enviar a los Reyes un informe de los desórdenes de La Española, y pedirles un juez que pudiera ejercer la justicia real. También les transmití la buena nueva de que había descubierto el Paraíso, y les envié una carta náutica donde lo ubicaba.

Por entonces me encontraba todavía muy enfermo. Como quería evitar un derramamiento de sangre entre cristianos, parlamenté con Roldán y acordé enviarle dos carabelas completamente pertrechadas, para que él y sus hombres pudieran volver a Castilla. Pero pasaron muchos meses antes de que las carabelas estuviesen listas, lo que dio a los rebeldes un pretexto para romper el acuerdo. Tras nuevas negociaciones, Roldán pidió que se permitiera a quince de los suyos embarcar en el primer navío que fuese a España, y a los restantes se les dieran casas y tierras. Por su parte, él volvería a ser alcalde mayor. Mientras examinaba estas condiciones, que en diferentes circunstancias hubiera rechazado de inmediato, tuve la primera indicación segura de que mi influencia estaba disminuyendo en la Corte, pues sin contar conmigo los Reyes habían autorizado a otros navegantes viajes de descubierta que, según las Capitulaciones de Santa Fe, sólo a mí correspondían. Me llegaron noticias de que una flota, al

mando de Alonso de Ojeda, había fondeado en la costa
meridional de La Española y de que sus miembros se de-
dicaban a cortar árboles de palo brasil y a cazar indios,
tras un viaje en el que, ayudados por la carta náutica que
yo había enviado a los Reyes, habían visitado Trinidad y
el golfo de Paria. Como el oro, el palo brasil era propiedad de la Corona, y yo tenía el derecho de intervenirlo.
Roldán, que ahora estaba de mi lado, se ofreció a capturar al insumiso Ojeda, pero tras algunas escaramuzas éste
marchó a las islas del norte de La Española, con sus carabelas cargadas de esclavos, y de allí regresó a Castilla.

Tampoco era Ojeda el único autorizado, aparte de
mí, a emprender viajes de descubierta. Vicente Yáñez Pinzón, en otro tiempo capitán de la *Niña*, había cruzado el
Ecuador y navegado hacia el Sur, donde había descubierto una costa muy larga y encontrado la boca de un gran
río. El conocimiento de aquel viaje, que Vicente Yáñez
me contó personalmente al pasar por La Española, alar-
deando de sus habilidades y olvidando cuánto me debía,

64

aumentó mi consternación. Con él regresaron a España los quince rebeldes a quienes había prometido un pronto embarque.

Sólo yo no podía volver, mientras la paz no se restableciera en la isla. Si bien Roldán, por su propio interés, me había prestado ayuda, los antiguos rebeldes disputaban entre sí y, convencidos de mi debilidad, intentaban arrancarme nuevas concesiones. Hasta los indios volvieron a empuñar las armas.

En agosto de 1500, mientras mi hermano reprimía un levantamiento en Xaragua y yo otro en Concepción de la Vega, una flota castellana arribó a Santo Domingo.

La mandaba Francisco de Bobadilla, comendador de la Orden de Calatrava, que no era sino el enviado para ejercer la justicia real que en mala hora había pedido yo a Sus Altezas. Con él llevaba un decreto que le nombraba Gobernador de las Islas y Tierra Firme. Como quiera que mi hermano Diego, que estaba al mando de la ciudad en

ausencia del Adelantado, se negara a entregarle sin mi conocimiento unos presos que habían sido condenados a muerte, el nuevo Gobernador lo arrestó y abrió violentamente las puertas de la ciudadela. Ningún pirata hubiera hecho tanto con un navío mercante. Para colmo, y obrando como si yo ya hubiera sido condenado y juzgado, confiscó mis bienes y mis papeles, que mandó sellar, y se instaló en mi residencia. Supo congraciarse con los españoles dándoles plena facultad para buscar oro y beneficiarse de él, siempre que entregasen al tesoro real la undécima parte, y una vez que se hubo asegurado su concurso me envió una orden a Concepción de la Vega para hacerme regresar a Santo Domingo. Tan pronto obedecí, fui preso y encadenado en una torre de la ciudadela. Pronto me di cuenta, por el tono en que me hablaba, de que el tal Bobadilla, que decía haber recibido instrucciones verbales de los Reyes, daba fe a las quejas que Alonso de Ojeda y los secuaces de Roldán habían presentado contra mí, al regresar a Castilla.

Trató el Adelantado de liberarnos por la fuerza de las armas, pero le hice llegar un mensaje rogándole que desistiera, y al entrar en Santo Domingo fue encadenado también y llevado a una carabela, donde estaba Diego.

Temía yo que, lo mismo que me habían apresado sin oírme, me juzgasen privadamente y me ejecutasen sin que pudiera defenderme. Por eso, cuando fueron a buscarme para llevarme al barco, creí que me conducían al lugar del suplicio. Pero el infame Bobadilla había decidido enviarnos a los tres hermanos a España, en condiciones vejatorias.

Estando en la mar, Andreas Martín, capitán de la *Gorda*, que así se llamaba la carabela en la que íbamos de regreso, quiso quitarme las cadenas, conmovido por mi infortunio. No lo consentí. Puesto que iba cautivo por orden de los Reyes, sólo ellos podían soltarme. Tenía, además, la intención de guardar las cadenas, en recuerdo de mis muchos servicios y de la recompensa recibida. Aún he de disponer que me entierren con ellas.

Cuando las gentes de Cádiz nos vieron aherrojados, sus improperios y mofas pronto se convirtieron en santa indignación por la forma en que se nos trataba. En seguida mandé una carta a los Reyes, que me contestaron manifestándome su profundo pesar por lo ocurrido y enviándome dos mil ducados —como todos mis bienes habían sido incautados, ni siquiera disponía de dinero para el viaje— a fin de que pudiera presentarme dignamente en la Corte, que entonces se hallaba en Granada.

En la Alhambra me arrodillé ante ellos y les besé las manos. Entre lágrimas y con las muñecas y los tobillos lastimados por los grilletes, empecé disculpándome y terminé acusando a mis calumniadores. Después de oírme, la Reina me rogó que me tranquilizara y con palabras amables me consoló. Y como mis servicios eran tan señalados decidieron retribuirme las rentas y derechos de las Indias.

Esperaba que todo volvería a ser como antes, que sería restablecido como Virrey y Gobernador. Pero los meses pasaron y mis peticiones recibían respuestas evasivas. Un amigo íntimo, Gaspar Gorricio, fraile franciscano de Sevilla, me ayudó a redactar varios memoriales sobre mis títulos y privilegios, pensando que aquello me libraría de

la injusticia y del posible olvido de los Reyes. Al mismo tiempo empecé a escribir el *Libro de las Profecías*, donde contaba cómo, con la ayuda de Dios, había encontrado el camino a las Indias Occidentales —así empezaba yo mismo a llamarlas para distinguirlas de las que Vasco de Gama había alcanzado, siguiendo la ruta del Este—, y cómo me habían alentado las profecías bíblicas y las epístolas de los Santos Apóstoles. Afirmaba también que yo era el hombre elegido para evangelizar las nuevas tierras, y obtener de ellas el oro necesario para reconquistar Jerusalén y recuperar el Santo Sepulcro para la Iglesia Católica.

En septiembre de 1501, los Reyes nombraron a Nicolás de Ovando Gobernador y Juez Supremo de las Islas y Tierras de las Indias, y confirmaron por escrito que todas las propiedades que Bobadilla me había confiscado debían devolvérseme. Aunque me sentía desagraviado al saber que aquel infame ya no era Gobernador y que Ovando no había sido nombrado Virrey en mi lugar, me preocupaba que los Reyes no hubiesen dicho nada explícito acerca de mis títulos. Me sentía tratado injustamente, y he pasado el resto de mi vida gestionando la restitución.

IV

ebo tener mal semblante, porque el leal Fieschi, que me conoce desde niño, no puede ocultar su preocupación. Incorporado a medias y vestido con el hábito menor de la orden franciscana, que me hará sentir más cómodo cuando haya de presentarme ante Dios, me adentro en una nueva noche. Acto mágico éste de escribir, que como un conjuro nos devuelve inmediatamente al pasado.

Fieschi fue capitán de uno de mis barcos, en el cuarto viaje. También me acompañaron mi hermano Bartolomé y mi hijo Hernando, de trece años. Alonso de Morales, tesorero de Castilla, me impuso a Francisco y Diego de Porras, hermanos de su amante, como capitán y oficial de la Armada; sus insidias nada tendrían que envidiar a las de los Pinzón. Zarpé en mayo de 1502 con cuatro carabelas: la *Capitana*, la *Santiago*, la *Gallego* y la *Vizcaíno*. Por si traspasaba la línea de demarcación y me adentraba en la zona de intereses de Portugal, llevaba conmigo una carta para Vasco de Gama o cualquier otro capitán portugués que pudiese encontrar. Me animaba la idea de descubrir un estrecho hacia las Indias Orientales, entre Juana y la costa de Paria, y pretendía llegar por él al Océano In-

dico y, si Dios lo consentía, regresar a España por la ruta de Oriente.

Ni siquiera quise detenerme en La Gomera —tenía prisa por desquitarme de tanta indiferencia y tanto oprobio—, y tras pasar Hierro cambiamos el rumbo al Oeste cuarta al Suroeste, que era el rumbo corriente a La Española; diez años habían bastado para que aquella proeza antes inimaginable pareciese segura a las tripulaciones. Después de veintiún días llegamos a la isla caribe de Matininó. Hicimos leña y agua, lavamos nuestras ropas y continuamos hacia Santa Cruz y San Juan.

Pese a las instrucciones de los Reyes —con el pretexto de que los portugueses podían encontrar antes que yo el estrecho si no me apresuraba, Isabel y Fernando me habían prohibido desembarcar en La Española en el viaje de ida—, fondeé ante Santo Domingo el 29 de junio. Necesitaba comprar o fletar otro barco, porque la *Santiago* había demostrado malas cualidades marineras, y escoraba tanto con viento fresco que las cubiertas desaparecían bajo el agua. No bajé a tierra, sino que envié a mi capitán y mayordomo, Pedro de Terreros, a gestionar un navío y a pedirle a Ovando, que ahora era gobernador, que me permitiese entrar en puerto, por cuanto varios indicios hacían presentir la proximidad de un huracán. Estaba allí una flota de veintiocho barcos, dispuesta para salir hacia Castilla con oro y esclavos, y en ella iban a regresar Bobadilla, que tanto daño me había causado, y el amotinado Roldán. Ovando dijo que no había ningún navío disponible. Me prohibió entrar en puerto y, sin hacer caso de mis advertencias, ordenó la salida de la gran flota rumbo a España.

Decepcionado por la hostil acogida, llevé mis carabelas unas millas al Oeste. Acababa de resguardarme en

la bahía de Azúa cuando el huracán que había previsto se presentó con fuertes rachas, que hicieron garrear las naves. Ninguna se perdió, aunque sufrieron desperfectos y todas, excepto la *Capitana*, fueron arrastradas hacia la mar. En cambio, en la flota de regreso sólo se salvaron cuatro de los veintiocho barcos, y entre quienes se ahogaron hube de contar amigos y enemigos: Bobadilla, Roldán, el cacique Guarionex y el comandante de la flota, Antonio de Torres. Mucho se rumoreó después que el huracán había llegado por mis artes de brujo.

Tras efectuar las necesarias reparaciones arrumbamos al Suroeste, pasando por Madama Beata y Alto Velo, para fondear en el puerto de Brasil, en Xaragua. De allí fuimos al Oeste, y luego al Sur cuarta al Suroeste, hasta avistar algunas islas en el horizonte. En la más próxima de ellas tomamos una larga canoa de veinticinco remeros, que no tuvieron ánimo para defenderse. Debajo de un toldo que llevaba en medio, como las góndolas de Venecia, había niños, mujeres, muebles y mercaderías. Di muchas gracias a Dios viendo cuán pronto se me daba muestra de todas las cosas de aquella tierra, sin trabajo ni peligro para los míos. Luego mandé sacar de la canoa lo que me pareció más rico y vistoso: mantas, camisetas de algodón, espadas de madera, azuelas de cobre y cierto vino hecho de maíz, semejante a la cerveza de Inglaterra. Dejé que prosiguieran viaje y únicamente retuve a un viejo que no hablaba la misma lengua que los nativos de La Española, para emplearlo como intérprete. De sus palabras entendimos que al Oeste había un país grande y rico llamado Maián, lo que acaso era el Mangi de Marco Polo. Pero yo no estaba ya interesado en Mangi; quería ir más al Sur, para encontrar el mar de la India, el oro de Taprobana y las especias de Maabar. Pensaba que luego no tendría que navegar mucho hasta llegar al Cabo de Buena Esperanza, para continuar por Guinea, hasta Castilla, y así completar la vuelta al mundo.

Desde la isla fuimos a tierra firme, pero la dirección de la costa nos obligó a seguir, con viento de proa, hacia el Este. Vimos algunos indios, casi negros y de aspecto brutal, que al decir de nuestro intérprete comían carne humana y peces crudos. Como llevaban las orejas horadadas con agujeros del tamaño de huevos de gallina, llamé a aquel país Costa de las Orejas.

Mi salud era para entonces tan mala que a veces me quedaba inmovilizado, y sólo podía echar un vistazo a la costa desde la pequeña cámara que había mandado construir para mí sobre la tolda. Sesenta días combatí, con temporales y vientos contrarios, sin hallar puerto alguno, antes de alcanzar un cabo donde la costa giraba hacia el Sur, y al que bauticé como cabo de Gracias a Dios. A los dos días fondeamos en la boca de un ancho río, al que llamé Río de los Desastres porque mientras recogíamos agua volcó una barca en los rompientes y se ahogaron dos marineros.

La costa se hacía más alta, y divisamos montañas en el interior. El 25 de septiembre fondeamos en una isla muy hermosa, a la que llamé La Huerta. Allí concurrieron muchos indios, unos con arcos y flechas y otros con varas de palma, negras como la pez y duras como hueso, cuya punta estaba armada con espinas de peces. Los hombres llevaban los cabellos trenzados, y las mujeres cortados como nosotros. Transportaron a mi hermano Bartolomé en hombros desde el bote a la orilla, pero cuando ordenó a un escribiente que anotase unos informes creyeron que el papel y la tinta eran objetos de hechicería, y huyeron precipitadamente. Sólo al cabo de largo rato conseguimos que se acercasen de nuevo. Viendo que éramos gente de paz nos obsequiaron con mantas de algodón, camisetas y pequeñas águilas de un oro muy bajo que llamaban guanín y que llevaban colgado al cuello como nosotros llevamos el *Agnus Dei*. Mandé que les diesen cascabeles y que agasajasen a algunas mozas que subieron a los navíos.

Allí permanecimos once días reparando los barcos, pues estaban horadados de gusanos y hacían agua de un modo alarmante. Viendo que los indios de aquella parte del continente ignoraban el lenguaje de las tribus vecinas, ordené capturar a dos hombres como guías e intérpretes. Su cacique pensó que actuábamos así para obtener un rescate, y dispuso que nos entregasen ornamentos de guanín y unos animales muy bulliciosos que eran como pequeños jabalíes. Acepté los regalos, pero retuve a los intérpretes.

Con viento favorable arribamos a una bahía con muchas islas, donde al fin encontramos verdadero oro, de buen color. Pero los nativos no estaban interesados en comerciar con nosotros, y tras apresar a dos de sus jefes para interrogarles, seguimos al Suroeste, hasta una gran laguna donde reparamos de nuevo las maltrechas carabelas. Allí oímos hablar de la dorada tierra de Veragua, y de Ciguare, al otro lado de la cadena montañosa. Fuimos a Caramburu, donde la gente anda desnuda y lleva al cuello un espejo de oro, mas no querían venderlo ni darlo en trueque. Me nombraron muchos lugares donde decían que había oro y minas, y con afán me describieron la provincia de Ciguare, que según ellos estaba a nueve jornadas por tierra, y donde la gente es guerrera y lleva ricas vestiduras y corazas. Mis mapas me mostraron que a diez jornadas de Ciguare debía estar el río Ganges, y los indios me lo confirmaron. Aquellas tierras de Veragua y Ciguare estaban como Tortosa con Fuenterrabía, o Pisa con Venecia, es decir, en mares opuestos. Al otro lado, pues, se extendía el mar de la India. Seguí buscando un paso por mar, pero los mapas eran poco dignos de confianza: en vez de torcer hacia el Suroeste y luego al Oeste, la verdadera costa torcía al Sureste y al Este.

Aunque no vimos más poblados, las columnas de humo nos indicaban que los valles del interior estaban habitados. Junto a un río encontramos los restos de una casa de piedra y argamasa, en apariencia muy antigua, que contenía un cadáver cubierto de adornos. Estábamos rompiendo algunas piezas de ella, para llevárnoslas, cuando el viento refrescó demasiado para permanecer fondeados en una rada abierta, y hubimos de seguir rumbo a Veragua. Pero no había manera de maniobrar con aquel viento, y corrimos hacia donde nos llevaba sin poder resistirlo, por

lo que pasamos de largo las minas. Durante diez días nos resguardamos en la bahía de Puerto Bello, y algunos más en otra a la que di el nombre de Puerto de Bastimentos, donde volvimos a remendar las naves. Fuertes aguaceros nos retuvieron en un paraje al que llamé El Retrete, donde había tal cantidad de grandes lagartos, en todo semejantes a los cocodrilos de Egipto, que infestaban el aire con su olor a almizcle.

Acabábamos de zarpar cuando la tormenta nos sorprendió de nuevo. Nunca había visto la mar tan alta, fea y espumosa. El cielo parecía arder, y los rayos caían con tanta furia que todos pensábamos que nos iba a tragar el abismo. Agotados, algunos deseaban tanto la muerte que la llamaban a gritos. Volví a enfermar, y durante nueve días perdieron toda esperanza de salvarme.

Cuando plugo a Nuestro Señor reparamos otra vez las naves e intentamos regresar a Veragua. Llegué casi donde antes, y todo se repitió: el viento y las corrientes me salieron al encuentro, y torné al puerto de donde venía. Aquello fue por la Navidad, y pasado Año Nuevo volví a la porfía, con los navíos desbaratados y la gente enferma y medio muerta. El día de Epifanía llegué finalmente a la región de Veragua, ya sin aliento. Allí nos deparó Nuestro Señor un río al que llamé Belén y un puerto seguro, aunque a la entrada sólo tenía diez palmos de fondo. Me costó franquear el rompiente, y luego no podía comprender cómo lo había hecho. El 6 de febrero, lloviendo todavía, me decidí a enviar a tierra sesenta hombres, que a cinco leguas hallaron algunas minas. Los indios que les acompañaban los llevaron a un cerro muy alto, desde donde les mostraron cuanto los ojos alcanzaban, y les dijeron que en todas direcciones había oro. Al volver a los barcos, mis hombres me enseñaron el polvo de oro que habían recogido sin gran esfuerzo, escarbando bajo los árboles.

Entre tanta riqueza pasábamos hambre. Un día nos vimos rodeados de tiburones, y los marineros empezaron a capturarlos. Aunque algunos los consideraban de mal agüero, y nadie apreciaba su sabor, los comimos con gusto por la penuria que teníamos de vituallas. Ya habíamos pasado en el mar más de ocho meses, en los que con los calores y la humedad hasta el bizcocho tenía tantos gusanos que algunos esperaban a la noche para comer sin verlos.

Como nos encontrábamos en el corazón de la región del oro, decidí fundar allí una colonia y construir una ciudad, que sería llamada Santa María de Belén y donde mi hermano el Adelantado se establecería con ochenta hombres. Con esa intención empezamos a construir cabañas de troncos, en la margen occidental del río. En marzo, cuando habíamos levantado una docena y yo me preparaba para zarpar, el río descendió tanto que las carabelas no pudieron llegar al mar, a causa de la barra de arena de la embocadura. Antes habíamos pasado meses pidiendo a Dios buen tiempo; ahora pedíamos lluvia, para que subiera el nivel del agua.

Los indios de Veragua andaban soliviantados desde nuestra llegada, y a través de los intérpretes supe que su cacique, al que llamaban Quibián, planeaba incendiar la colonia y asesinarnos. Por ello decidí anticiparme. Bajo el mando del Adelantado y de Diego Méndez atacamos el poblado del cacique, a quien hicimos prisionero con sus mujeres e hijos y con otros jefes que le obedecían. Pero Quibián logró escapar cuando lo llevaban río abajo, y los demás prisioneros fueron recluidos en la bodega de mi barco.

Cuando llovió lo bastante creció el río y aligeramos los barcos, para sacar la flota. Sólo dejamos atrás a la *Gallego*, que era la más dañada por el temporal y la broma, y que podía servir a los colonos como fuerte y como base de abastecimiento. Fondeamos a buena distancia de la costa, y entonces procedimos a embarcar de nuevo los víveres, el agua y los pertrechos, con ayuda de botes. De pronto saltó un fuerte chubasco de viento, que impidió a los botes pasar los rompientes. Pensaba yo que los navíos podían ser arrastrados a tierra cuando oí disparos y gritos, y comprendí que los indios atacaban a los nuestros. Durante tres horas escuché ruidos de lucha, hasta que sobrevino un silencio sepulcral. Por la tarde vi cuerpos de es-

pañoles acribillados de flechas flotando río abajo, con bandadas de cuervos que giraban sobre ellos. La mayoría de mis hombres se hallaba todavía en tierra, y los rompientes eran demasiado fieros para intentar entrar o salir.

Tenía yo una fuerte fiebre, de tanta inquietud y fatiga, y acabé por adormecerme. Entre sueños, una voz muy piadosa me dijo: «¡Oh, incrédulo! Desde que naciste, Dios ha cuidado de ti. Te dio las llaves de la Mar Océana y te entregó las Indias, que son la mejor parte del mundo. Hizo sonar tu nombre, y dispuso que fueses obedecido en estas tierras. No temas. Dios no quebranta sus promesas ni sus favores, ni pone a prueba en vano. Confía en Él.» Al despertar no supe qué responder, y sólo pude llorar por mis yerros.

Algunos hijos y súbditos del cacique burlaron a la guardia de la nave y esa misma noche huyeron de la *Capitana*. A la mañana siguiente se descubrió que los que no habían logrado fugarse se habían ahorcado en la bodega.

Como no veíamos señal alguna de vida en tierra, envié un pequeño grupo en el único bote que nos quedaba. Al llegar a los rompientes, el piloto Pedro de Ledesma se arrojó al agua y penetró a nado en el río. Halló a los colonos sitiados, tras una barricada formada con toneles y manteniendo al enemigo a distancia con dos falconetes de bronce. Siete de ellos habían caído en el primer ataque de Quibián, y el capitán Diego Tristán y otros tres habían sido muertos mientras bogaban río arriba en busca de agua. El Adelantado y otros muchos estaban heridos. Todos pedían volver a Castilla conmigo.

Ledesma regresó nadando al bote y me dio el informe. El 14 de abril mejoró el tiempo, y en dos días subimos a bordo el agua, los víveres, las armas y los hombres.

Como los barcos estaban casi inservibles, me dispuse a regresar a La Española, y partí de río Belén con la *Capitana*, la *Santiago* y la *Vizcaíno*. Lentamente progresamos hacia el Noroeste y el Norte, aprovechando los vientos variables a lo largo de la costa. En Puerto Bello tuvimos que abandonar a la *Vizcaíno*, que se hundía, y su tripulación llenó los otros barcos. Pasamos junto a un grupo de pequeñas islas, a las que llamé Las Barbas. La costa había empezado a torcer al Sureste, pero en aquellas condiciones no osé seguirla. A veces me digo que de haberla seguido hubiera encontrado el estrecho, y que hubiera preferido naufragar y morir allí, en la encrucijada de dos océanos, que extinguirme en esta lenta espera. Pero Dios no lo quiso.

El 10 de mayo avistamos dos islas bajas, a las que puse el nombre de Las Tortugas a causa de la abundancia de tortugas en sus aguas. Días después llegamos al Jardín de la Reina. Como todos estaban agotados por el hambre y el trabajo con las bombas, fondeamos allí para descansar. Durante la noche saltó un fuerte viento, que hizo garrear a la *Santiago* sobre la *Capitana*, y se averiaron ambas. Pasamos una semana efectuando reparaciones y pescando. Voltejeamos durante un mes y no conseguimos ir más allá de Macaca, en la parte meridional de Juana. De nuevo intenté alcanzar La Española; pero aunque las bombas trabajaban día y noche, y los hombres achicaban con potes y hasta con cucharones, el agua continuaba subiendo en las bodegas, por lo cual decidimos dirigirnos a Jamaica a favor del viento.

Finalmente llegamos a un paraje abrigado tras unos arrecifes negros, y en la pleamar del 15 de junio gobernamos las carabelas, a punto de hundirse, hacia la playa, donde las varamos y apuntalamos. No hubo más navegación.

En aquel lugar, al que bauticé como Santa Gloria,

escribí una carta a Isabel y Fernando donde les hablaba de las muchas riquezas de Veragua, y les explicaba que me encontraba enfermo y aguardando la muerte, rodeado de salvajes animosos.

Como en Jamaica no había poblaciones ni barcos, necesitábamos llegar a La Española para pedir auxilio. El leal Fieschi y Diego Méndez se ofrecieron voluntarios. A bordo de dos canoas a las que añadieron velas se dirigieron a la punta más al sur de Jamaica, con mi carta a los Reyes y tripulaciones mixtas de indios y cristianos. Mientras esperaban vientos favorables, fueron atacados por los nativos y tuvieron que regresar a Santa Gloria en busca de escolta. El Adelantado les acompañó con setenta hombres, y a fines de julio consiguieron salir Méndez y Fieschi con viento propicio. En caso de que llegasen a La Española, Fieschi debía volver inmediatamente a Jamaica, para saber a qué atenernos.

Conseguí que los indios nos suministrasen víveres, principalmente pan de casabe y maíz, ratas nativas y lagartos. Como no ignoraba lo que ocurriría si permitía a mi gente moverse libremente, dispuse que nadie bajara a tierra sin mi permiso. Los hombres pasaban el día entero tumbados bajo los techados de hojas de palmera que habíamos levantado en cubiertas y toldillas.

Transcurrió un mes y luego otro, sin señales de los emisarios, hasta que estalló la sedición. Sus jefes, Francisco y Diego de Porras, hicieron correr la voz de que yo no quería volver a Castilla y de que me proponía retener a todos para que muriesen conmigo. Aprovechando que me encontraba enfermo y en la cama, y al grito de «¡Mueran el Almirante y los suyos!», desarmaron a mis partidarios. Pero no se atrevieron a derramar nuestra sangre, por temor al castigo de los Reyes.

Los sublevados abandonaron los navíos varados, se adueñaron de unas canoas que yo había obtenido en trueque y empezaron a prepararlas para llegar a La Española. Muchos se aliaron con ellos por miedo a no poder irse de otro modo, y sólo permanecieron conmigo veinte hombres sanos, además de los que estaban demasiado enfermos para moverse. Tres intentos de navegación hicieron los amotinados, pero cada vez fueron obligados a regresar por el viento y las corrientes, y eso que cuando se veían en apuros obligaban a los indios que llevaban consigo a echarse al agua, para aligerar las canoas, e incluso les cortaban las manos a hachazos para que no se agarrasen a

ellas. Empezaron, pues, a vagar por los alrededores, saqueando y robando para satisfacer sus necesidades.

Al ver que éramos menos en los barcos y que ya no teníamos qué darles a cambio, los indios se negaron a proporcionarnos más víveres. De nuevo acudió el cielo milagrosamente en mi ayuda, pues había leído en el *Almanach perpetuum*, de Abraham Zacuto, que en el plazo de tres días iba a producirse un eclipse total de luna. Hice decir a los indios hostiles que iba a pedir a sus dioses que los castigaran quitándoles la luz de la luna. En la tarde crucial, cientos de ellos se reunieron en la playa, incrédulos y burlones. Pero, cuando salió la luna, parte de ella ya estaba oscurecida, y pronto empezaron a gritar para que convenciera a sus dioses de que les devolviesen la luz. Fingí que accedía a su deseo, y la luz volvió de manera gradual. Ya nunca se negaron a darnos alimentos.

A fines de marzo, ocho meses después de que Méndez y Fieschi hubieran salido para La Española, fondeó en Santa Gloria una pequeña carabela. El capitán llegó en un bote para transmitirme saludos de Ovando, y con una hoja de tocino y un barril de vino de regalo. Traía también una carta de Diego Méndez. Se excusó porque debía regresar inmediatamente a La Española —partió aquella misma tarde— y porque su barco era demasiado pequeño para llevarse a nadie. Mas la verdad era que Ovando temía y sospechaba que, si yo regresaba a Castilla, los Reyes me sustituyesen el gobierno de Indias, por eso no quiso proveerme, y había enviado aquella carabela para conocer mi estado, y ver cómo podía perderme del todo.

La carta de Méndez me explicaba que les había costado mucho llegar a La Española y que Fieschi había querido volver inmediatamente con la canoa, como yo le había ordenado; pero como los marineros y los indios estaban muy fatigados e indispuestos por el agua del mar que habían bebido, no había sido posible. Por su parte, el propio Méndez había llegado a Xaragua, donde a la sazón estaba el Gobernador, y después de mucha porfía había conseguido licencia para ir a Santo Domingo, a fin de comprar un navío con las rentas y el dinero que yo tenía allí. Puesto en puerto y aparejado el navío, Méndez se disponía a volver a España, según la orden que yo le había dado, para entregar mi carta a los Reyes y relatarles lo acontecido en mi viaje.

Cuando supe que iban a socorrernos envié un mensaje a los amotinados, ofreciéndoles el perdón si regresaban a los barcos en paz. Pero los hermanos Porras intentaron imponer sus condiciones; debía reservar la mitad del navío de rescate para ellos y sus partidarios. Me negué a escucharles, y cuando los amotinados estaban reunidos no lejos de Santa Gloria, en clara preparación de un ataque, envié al Adelantado con cincuenta hombres armados, escogidos entre los que no habían sucumbido a la enfermedad y los ya repuestos, a ofrecerles paz o guerra. Eligieron la guerra y la perdieron. Francisco de Porras fue capturado y puesto en el cepo, y otros murieron o huyeron. Quiso el Adelantado perseguirlos, pero al final se abstuvo, no fuese que por matar muchos enemigos los indios acordasen caer sobre los vencedores. Algunos amotinados me pidieron entonces el perdón general, al que accedí con la única excepción de Francisco de Porras.

No fue hasta finales de junio cuando llegó el navío fletado y pertrechado por Méndez. Embarqué en él con un centenar de hombres y abandonamos Jamaica, donde habíamos permanecido un año y cinco días. El viaje hasta Santo Domingo fue muy lento.

Aunque me hizo un cortés recibimiento y me hospedó en su casa, el Gobernador no quiso juzgar a los hermanos Porras, que tanto enojo y tantas muertes habían causado, y dejó ese cuidado al Consejo de Indias, en España.

Poco tiempo permanecí en Santo Domingo. La visión del lugar donde había vivido en el apogeo de mi gloria me resultaba casi dolorosa, y se me vigilaba continuamente. Fleté a mi costa otro navío, en el que embarqué con mis leales. Los sublevados prefirieron quedarse en La Española, quizá porque creían más en la protección de Ovando que en mi perdón. Rendido y desilusionado, me acodé en la borda y vi alejarse aquella costa con la duda de si volvería.

En el camino, estando yo postrado por la gota, nos embistió tan terrible tempestad que puso a la nave en un gran riesgo. Al día siguiente, habiendo ya bonanza y estando descansados, se quebró el palo mayor en cuatro pedazos. Con el valor del Adelantado y con mi ingenio hicimos de una pequeña entena un palo más chico, y aseguramos la mitad del palo quebrado con cuerdas y madera de los castillos de popa y de proa, los cuales deshicimos. En otra tempestad se nos rompió la contramesana. Al fin quiso Dios que llegásemos a Sanlúcar, y de allí a Sevilla, donde intenté reponerme de los trabajos que había padecido.

A poco de desembarcar, en noviembre de 1504, escribí mi acostumbrada carta a los Reyes, quienes estaban en Medina del Campo, y esperé la llamada de la Corte para ir a darles cuenta de mi viaje. Pero la situación en la Corte había cambiado. La reina Isabel se hallaba en su lecho de muerte, como yo ahora.

V

Valladolid, 19 de mayo de 1506

A pique de extinguirme y por la luz de la muerte alumbrado, me vuelven y revuelven a la memoria los penosos acontecimientos que siguieron al fallecimiento de la reina Isabel. Al instante, las envidiosas medianías alzaron la cabeza en la Corte, y los hombres buenos y justos se hicieron dignos de sospecha. Hasta parecieron alteradas las influencias celestes. Negros nubarrones ocultaban permanentemente el sol; incesantes lluvias inundaban la tierra y destruían los caminos. El mar se embraveció y el Guadalquivir se desbordó e inundó Sevilla. Perdidas las cosechas, sobrevinieron el hambre y la miseria. Poco faltó para que las aguas se llevaran incluso el ataúd de la Reina cuando, conforme a su deseo, era conducido a Granada.

Con la esperanza de que los dolores que torturaban mis huesos pudieran cesar o disminuir, permanecí en Sevilla algunos meses. Escribí a mi hijo Diego, que a la sazón se encontraba en la Corte, para que, como se había acordado en las Capitulaciones de Santa Fe, se me entregase el diezmo del oro obtenido en las Indias. Nada consiguió. También escribí al Papa, insistiendo en mis planes de una nueva Cruzada a Tierra Santa. A fines de diciembre me encontré mejor de salud y pedí a Diego que solicitara del rey Fernando permiso para que yo fuese a la Corte, que se había mudado a Segovia, montado en una mula. Cuando se me concedió la licencia ya me sentía incapaz de montar.

En febrero de 1505 me visitó Amerigo Vespucci, marino florentino que había estado con Alonso de Ojeda en la Trinidad y en la Costa de las Perlas, y que luego había viajado bajo bandera portuguesa. Siempre me había tenido en gran estima, y se ofreció para lo que pudiese hacer por mí en la Corte. Pero ya había concluido yo

que mi presencia en Segovia era imprescindible, y en mayo emprendí el fatigoso viaje en mula. Más sufrí en aquel viaje por tierra que en todas mis navegaciones.

No llegué a Segovia sino a finales del verano. El rey Fernando me concedió audiencia, y después de escuchar mis reclamaciones sobre los títulos, derechos de propiedad y rentas de las Indias, sugirió que fuesen los fiscales de la Corona quienes decidieran. Cuando le dije que no quería pleitos, sino que se cumpliese lo acordado en mis privilegios y escrituras, el Rey afirmó que, además de darme lo que me pertenecía, quería hacerme mercedes de su propia y real hacienda. Remitió mi negocio al Consejo de la Corona, que no resolvió nada. Bien les conozco; durante largos años me entretuvieron cuando vine por primera vez a Castilla. Ahora lo entiendo: si en las Capitulaciones de Santa Fe se me cedieron tantas gracias fue porque Sus Majestades pensaron que sólo iba a hallar algunas islas, sobre las cuales no importaba que ejerciera mis facultades y cargos. Es precisamente la magnitud de mi descubrimiento lo que hace recelar al Rey y a la Corte. Por eso se me ha sugerido, en más de una ocasión, que acepte una provechosa posesión en Castilla y que renuncie al virreinato de las Indias.

En su continuo deambular, la Corte —y yo con ella— se trasladó en octubre a Salamanca, y el mes pasado a Valladolid. Hace tiempo que, con el pretexto de sus muchas ocupaciones, el Rey declina recibirme. Temiendo que se desbarate toda su obra de gobierno, y a fin de engendrar un heredero al trono, ha contraído matrimonio con Germana de Foix, una sobrina de Luis XII de Francia. Pero su hija la reina Juana se ha anticipado y ha vuelto de Flandes con su esposo Habsburgo. A mi hermano el Adelantado, que forma parte —como mi hijo Diego— del séquito

que ha ido a recibirles a La Coruña, le entregué hace semanas una carta para Juana y Felipe, ofreciéndoles mis servicios. Esperaba encontrar en la hija de Isabel algo de aquella afectuosa justicia con que me trataba su madre.

Ha llegado mi hijo Hernando, y en su presencia he ratificado mi testamento. El notario ha vacilado al escribir mis títulos, pero yo he insistido: «Almirante, Virrey y Gobernador General de las Islas y Tierra Firme de las Indias descubiertas y por descubrir...»

Hace poco, el leal Fieschi entró en la habitación con una escudilla, para darme algo de sustancia.

—Ya no es tiempo de eso —le dije.

Valladolid, 20 de mayo de 1506

Ultimas palabras de Cristóbal Colón, anotadas por su hijo Hernando.

«Así mueren los animales: acostándose a morir.»
«No he de llegar tarde a esta audiencia.»
No entiendo lo que dice. Se está riendo.
«Otro Mundo. Allá voy.»
Ahora casi no se le oye.
«¡Cipango!»
«En tus manos, Señor, encomiendo mi espíritu.»
No dice nada más.

UNA MIRADA A LA HISTORIA

Todavía hoy, y pese a haber
acumulado cinco siglos
de experiencia náutica y de
navegar en yates de avanzado
diseño, los hombres que
emprenden regatas rumbo a
América no consiguen mejorar
la ruta de Colón...

Muerte de Colón

El 1 de abril de 1502, antes de emprender su cuarto viaje a las Indias, Colón otorgó un testamento que él mismo llamaba «escritura de ordenación de mis bienes». Tres años después, el 25 de agosto de 1505, recién llegado a la corte segoviana y agobiado por la gota, el reumatismo y una aguda oftalmía, copió personalmente dicha escritura, que fue ratificada en Valladolid el 19 de mayo de 1506, un día antes de su muerte, ante el escribano de cámara y notario público Pedro de Hinojedo. La índole de este documento es más apologética que jurídica. Colón proclamó en él sus méritos y servicios, en contraposición con lo incierto y mísero que se le antojaba el porvenir de su familia. Se quejó, además, de no percibir las rentas de las Indias. Dispuso que el Mayorazgo fuese para su primogénito Diego, habido en matrimonio con la portuguesa Felipa Moniz, y estipuló las partes que debían corresponder a Hernando, su hijo natural, y a sus hermanos Bartolomé y Diego. Se acordó también de fieles servidores y antiguos compañeros, algunos de ellos genoveses, y encomendó a su hijo Diego la manutención de la cordobesa Beatriz Enríquez, madre de Hernando, «porque esto pesa mucho para mi ánima». La casa que se muestra en Valladolid como aquella donde murió Colón no tiene relación alguna con el Almirante, y se ignora el lugar exacto de su muerte, que pasó desapercibida. Ni el cronista de la corte ni el de Valladolid, que consignaba

Una muerte que pasó desapercibida

Todavía hoy sigue en pie la polémica sobre si los auténticos restos de Colón se encuentran en Sevilla o en Santo Domingo. En la imagen, podemos ver el mausoleo de Colón en la catedral de Sevilla, obra de Arturo Mélida.

hechos de mínima importancia, llegaron a mencionarla. El entierro hubo de ser modesto y escasamente concurrido. Se dice que prestamistas genoveses procuraron el dinero —cincuenta mil maravedíes— para los gastos.

Los restos de Colón

El cuerpo de Cristóbal Colón fue enterrado primero en el convento de San Francisco de Valladolid. En 1509, su hijo Diego, que sucedió a Nicolás de Ovando en el gobierno de las Indias, ordenó su traslado a la cartuja de Santa María de las Cuevas, en Sevilla, donde Colón había vivido entre el tercer y el cuarto viaje a las Indias. Posteriormente serían también enterrados allí su hermano Diego y el propio primogénito. El segundo traslado se efectuó alrededor de 1541, cuando María de Toledo, viuda de Diego Colón Moniz y virreina de las Indias, cumplió la voluntad testamentaria de su marido y llevó los restos de éste, junto con los del Almirante y, probablemente, los de Bartolomé y otros parientes, a la catedral de Santo Domingo, en La Española. Al llegar a la misma, el féretro de Cristóbal Colón fue enterrado a la derecha del altar mayor. La inscripción conmemorativa correspondiente

Sus restos

fueron

exhumados

cuatro veces

fue retirada o cubierta en 1655, por temor a que una fuerza expedicionaria inglesa, al mando del almirante Penn, capturase la ciudad y profanase los sepulcros.

En 1795, y en virtud del Tratado de Basilea, España entregó a Francia la parte que le quedaba de La Española. Antes de evacuar la posesión, el teniente general Aristizábal, que mandaba la flota española en aquellas aguas, decidió llevarse consigo los restos. La exhumación se efectuó el 30 de diciembre de aquel mismo año, y al abrir una fosa a la derecha del altar se encontró una caja de plomo, que a su vez contenía pedazos de hueso «como de canillas» y otros fragmentos. Fueron recogidos cuidadosamente, guardados en un arca de plomo sobredorada y trasladados a la catedral de La Habana, donde quedaron colocados en un nicho. Allí permanecieron hasta 1898, cuando, por el Tratado de París, España cedió Cuba a los Estados Unidos. Trasladados por cuarta vez, los restos volvieron a España y fueron depositados en la catedral de Sevilla, donde se levantó un suntuoso mausoleo.

Surgió la polémica en 1877, cuando, al efectuar ciertas obras en la catedral de Santo Domingo, se encontró una pequeña cripta a sólo dieciséis centímetros de la abierta en 1795, con una caja de plomo rica en inscripciones.

El delegado y vicario apostólico, fray Roque Cocchia, autor de la exhumación, sostuvo que en Santo Domingo descansaban todavía los restos de Cristóbal Colón, y forjó la explicación de que en 1795 los españoles

El 17 de abril de 1492, los Reyes Católicos firmaron las Capitulaciones de Santa Fe, comprometiéndose, por este documento, a entregar a Colón los títulos y privilegios que éste demandaba. En el Museo Naval de Pegli (Italia) se conserva este ejemplar, en el que están recogidos todos ellos.

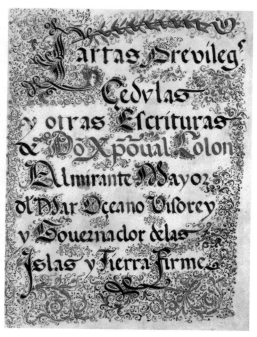

se habían llevado a La Habana los primeros huesos que descubrieron, que eran los de Diego Colón Moniz o los de Diego Colón de Toledo, hijo del anterior. Los despojos recién encontrados fueron depositados en un nuevo monumento a Colón, erigido en el extremo oriental de la nave de la catedral de Santo Domingo.

Con todo, la Real Academia Española de la Historia emitió un informe al año siguiente de este resonante hallazgo, y en él se pronunció en contra de que correspondiese a los verdaderos restos de Colón. Los defensores de la autenticidad de los restos conservados en Sevilla consideran

97

Si bien es un tema muy controvertido, gran cantidad de escritos de españoles contemporáneos de Colón no dudan en considerarlo genovés o, cuando menos, originario de Liguria. Vista del puerto de Génova en 1481; detalle de un cuadro de Cristòforo Grassi.

sospechosas las inscripciones —algunas de ellas en caracteres gótico-germanos— de la caja de Santo Domingo, redactadas en español y no en latín, y desconfían del topónimo América grabado en la tapa, jamás empleado por los españoles del siglo XVI. Para ellos la caja hallada en 1877 fue la que los españoles encontraron en 1795, y que dejaron en Santo Domingo. Cuando, al acercarse el IV Centenario del Descubrimiento, se hablaba de una posible canonización de Cristóbal Colón, algún falsario habría introducido en ella huesos antiguos y añadido inscripciones. En el I Congreso colombino, celebrado en Sevilla en 1988, americanistas de España, Cuba y Santo Domingo polemizaron durante la sesión de clausura sobre la ubicación de los restos.

Origen y lengua

Más controvertida aún, por cuanto ofrece mayor número de variantes, resulta la discusión sobre el lugar de nacimiento de Cristóbal Colón. Con distintos argumentos o pruebas enmendadas, éste ha sido presentado como ciudadano de Génova o de alguna otra entre dieciséis ciudades italianas. También se le ha conceptuado portugués, gallego, judío catalán, judío mallorquín, andaluz, extremeño, vizcaíno, corso, gascón, inglés, suizo, armenio y griego. También hay tesis de compromiso, como la de Salvador de Madariaga, que lo hizo descendiente de judíos españoles *Controversias* establecidos en Génova y convertidos al cristianismo, o la del novelista Stephen *sobre su origen* Marlowe, que imaginó su nacimiento en alta mar, a medio camino entre Valencia y Génova. Sólo una vez, al instituir el Mayorazgo en 1498, Colón fue preciso al respecto: «Siendo yo nacido en Génova... de allí salí y en ella nací.» Alegan algunos que el texto conservado es una copia notarial, y no el original. Pero existe también el documento «Asseretto» —por el nombre de su descubridor—, donde se recoge un proceso notarial de 1479, en el que Colón aparece como testigo y *civis Janue*, es decir, ciudadano de Génova, y se le atribuyen veintisiete años de edad. Otros indicios de la condición genovesa del Almirante son su correspondencia con el Banco de San Giorgio, y con Nicolo Oderigo, embajador de Génova en España, amén del testimonio de Antonio Gallo, cronista oficial de

Génova, y los escritos de numerosos contemporáneos españoles de Colón, que no dudan en considerarlo genovés o, cuando menos, ligur (de Liguria, región italiana a la que pertenece Génova).

Estrechamente relacionado con el problema de su origen está el de su idioma. Según el testimonio de Las Casas: «Demostraba ser de otra lengua, porque no penetraba del todo la significación de los vocablos de la lengua castellana, ni del modo de hablar de ella.» Otros contemporáneos decían que hablaba por lo común en buen castellano, con cierto deje portugués. Menéndez Pidal opinaba que Colón debió aprender el castellano durante su estancia en Portugal, a causa de las relaciones comerciales de las casas genovesas con España y por ser el español una lengua culta, según moda introducida en Portugal desde 1450.

Juventud y primeros viajes

Empieza

a navegar

muy joven

Según Antonio Gallo, Cristóbal y su hermano Bartolomé recibieron una educación deficiente; siguiendo la costumbre local, dedicaron buena parte de su juventud a navegar. «De muy pequeña edad entré en el mar navegando, y he continuado hasta hoy», escribió Cristóbal en 1501. En el Mediterráneo se fue curtiendo, y adquirió las capacidades marineras que le permitirían afrontar travesías más audaces. Hacia 1472 era capitán de una galera.

Guiados por la similitud del apellido algunos autores identifican a Cristóbal

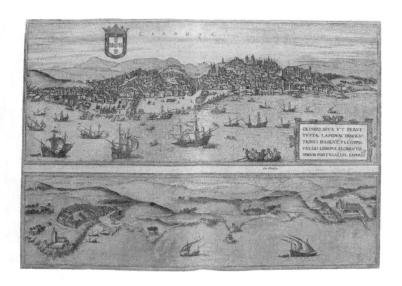

Uno de los períodos más enigmáticos de la vida de Colón se inicia en Lisboa. En Portugal estará de 1476 a 1485, contraerá matrimonio con Felipa Moniz y, concretamente en Madeira, nacerá su hijo Diego. Este grabado de J. Hoefnagle pertenece al libro Civitates Orbis Terrarum *de G. Braun. (Biblioteca Nacional, Madrid.)*

Colón con el famoso almirante y corsario francés Guillaume de Casenove Coullon, conocido en España como Colón el Viejo, que atacaba las costas catalanas y valencianas. Sea como fuere, Colón debió alternar oficios de mercader con empresas corsarias. Cuenta Hernando que, yendo su padre con una flota comercial genovesa, se entabló a la altura del cabo de San Vicente un combate con la escuadra de Casenove Coullon, y que el barco de Colón se incendió, por lo que éste saltó al mar y nadó hasta la costa, con ayuda de un remo que le sostenía a ratos. Hay historiadores que, aunque aceptan el episodio, creen que el futuro descubridor iba en la escuadra corsaria y no en la genovesa.

En Lisboa, ciudad activa y cosmopolita donde su hermano Bartolomé ya se ocupaba

101

Las naos eran fáciles de gobernar, pero las labores de despliegue y recogida del velamen hacían trabajar a la tripulación día y noche. Por su parte, las carabelas eran muy manejables, gracias a su casco ligero, su aparejo latino y su forma alargada. Los portugueses fueron los primeros que empezaron a construirlas, perfeccionándolas al utilizar un tipo de velas redondas más adecuadas que las latinas para la navegación atlántica. Esta nao del tipo de la Santa María pertenece a la conocida edición de Basilea de la Carta de Colón.

en trabajos de cartografía, se inicia otro de los períodos más enigmáticos de la vida de Cristóbal Colón, el que transcurre entre 1476 y 1485. Sólo se sabe que viajó a Madeira, donde compró azúcar para la casa comercial Centurione, de Génova. Debió también de navegar a Inglaterra, a Galway, en Irlanda, y a Thule, lugar de difícil identificación, quizá Islandia. Ocasionalmente pudo ejercer el oficio de cartógrafo, como su hermano. En 1479 volvió brevemente a Génova, acaso por última vez. Ese mismo año contrajo matrimonio con Felipa Moniz, dama portuguesa de la baja nobleza e hija de Bartolomé Moniz de Perestrello, antiguo gobernador de Porto Santo, en las islas Madeira, donde Colón llegó a residir y donde nacería su hijo Diego. Felipa Moniz debió morir del parto o poco después del mismo.

«A decir verdad, no sé si fue durante este matrimonio cuando el Almirante navegó a Mina y a Guinea, si bien parece razonable suponerlo así. Sea como fuere, una cosa trajo a otra y dio vida a muchas ideas; así, el Almirante, mientras estuvo en Portugal, empezó a pensar que, si los portugueses podían navegar tan al Sur, lo mismo sería posible hacerlo tan al Oeste, y era lógico esperar el hallazgo de tierras en esa dirección. Para confirmar este punto estudió de nuevo obras geográficas que ya le eran familiares, y empezó a considerar los argumentos astronómicos que podían justificar su proyecto, al mismo tiempo que anotó todas las informaciones que le habían dado los navegantes y otros.»

La ruta portuguesa

Portugal,

patria

de grandes

navegantes

La actividad marítima de Portugal era extraordinaria desde que, en 1415, el príncipe Enrique el Navegante mandara construir un centro de estudios cartográficos y náuticos en el promontorio de Sagres, en el Algarve. Durante casi medio siglo, rodeado de una corte de matemáticos, astrónomos y maestros de ribera, preparó la circunnavegación de Africa, persuadido de que había un acceso marítimo por el Este a la India. Gracias a sus esfuerzos y enseñanzas fueron colonizadas las islas de Madeira y Porto Santo, se redescubrieron las Azores y se alcanzaron las islas de Cabo Verde. En 1434 los marinos lusitanos doblaron el cabo Bojador, y en 1441 una expedición regresó de Río de Oro con un cargamento de esclavos. Cuando el príncipe Enrique murió en 1460, los portugueses ya habían cubierto más de la mitad del camino que separaba Lisboa del cabo de Buena Esperanza.

La exploración hacia el Sur continuaría bajo los reinados de Alfonso V y Juan II. El primero de éstos tuvo un confesor llamado Fernão Martins, que había conocido en Florencia al cosmógrafo Paolo Toscanelli. Interrogado por el confesor acerca de una ruta occidental hacia la India, Toscanelli le escribió en 1474 una larga carta, acompañada de un mapa de la zona atlántica entre Europa y el Asia oriental. En la carta, el florentino mencionaba al Gran Kan, glosaba las riquezas de Catay, Mangi y Cipango, y comentaba el plano adjunto:

«Desde la ciudad de Lisboa al Oeste, el mapa tiene veintiséis secciones de doscientas cincuenta millas cada una —en conjunto, casi un tercio de la circunferencia terrestre—, antes de llegar a la grandísima y magnífica ciudad de Quinsay... Y desde la isla Antilia, que llamáis isla de las Siete Ciudades, a la muy famosa isla de Cipango hay diez secciones, o sea dos mil quinientas millas.» El mapa no se conserva, pero ha podido reproducirse mediante la descripción de Toscanelli y el esquema de una cuadrícula hallado entre sus papeles. Las apreciaciones del florentino sobre las dimensiones de la tierra y la anchura de Eurasia mostraban el influjo de Ptolomeo, de Marco Polo y del *Imago Mundi* de Pierre d'Ailly.

Se ignora qué acogida tuvieron en Lisboa la carta y el mapa de Toscanelli, pero es de suponer que los geógrafos portugueses consideraron las seis mil quinientas millas de océano que estimaba el florentino como un obstáculo insuperable, y prefirieron seguir apostando por la ruta africana.

Este portulano de finales del siglo XV nos muestra el mundo conocido hasta ese momento.

El proyecto colombino

La circunstancia de que, en diversos momentos de sus viajes, Colón pareciera conocer las aguas por las que navegaba, ha hecho creer a algunos que, o bien había recibido informes de primera mano de otras personas —la tradición del piloto anónimo, que se supone expiró en sus brazos, o el posible encuentro con una canoa de amazonas amerindias, que habrían extraviado el rumbo— o bien había emprendido, por su cuenta y riesgo, un viaje *Sus extensas* secreto de ida y vuelta. Conviene recordar además, que, aunque desordenadamente, *y desordenadas* había leído mucho. Sus lecturas incluían a Ptolomeo —que le fue de gran ayuda *lecturas* porque exageró la extensión de Asia hacia Oriente, con lo cual la situó más cerca de Europa de lo que está en realidad—, Aristóteles, Marino de Tiro, Estrabón, Plinio, Marco Polo, Pierre d'Ailly, Mandeville, Eneas Silvio Piccolomini y al propio Toscanelli. En el muy manoseado ejemplar del *Imago Mundi*, de Pierre d'Ailly, que se conserva en la Biblioteca Colombina de Sevilla, casi todas las páginas están anotadas. Fascinado por las descripciones de D'Ailly, Colón las repitió ingenuamente en los márgenes: «En Taprobana —Ceilán— hay elefantes y piedras preciosas. En la India hay muchas cosas deseables, incluyendo especias aromáticas, abundantes piedras preciosas y montañas de oro.»

Elaboró su proyecto recogiendo los datos que más le convenían: se apoyaba en citas bíblicas —como la afirmación del profeta Esdras de que seis partes de la tierra son habitables, y la séptima está formada por agua—, y argumentos poco científicos, que enmascaraban algunos datos inciertos. Como él mismo afirmó muchos años después en el *Libro de las Profecías*: «Ya dije que para la ejecución de la empresa de las Indias no me aprovechó razón, ni matemática, ni mapamundis; llanamente se cumplió lo que dijo el profeta Isaías.»

Juan II

de Portugal

rechaza su

proyecto

Se ignora cómo presentó su proyecto al rey de Portugal Juan II, pero se conoce la contundente respuesta de la Junta real; ésta dictaminó que había errores de cálculo, y que la tierra era mucho más grande y el océano más amplio. Como la incipiente colonia de Guinea tenía prioridad, el rey se negó a financiar una empresa arriesgada y acaso imposible. Arruinado, endeudado y tal vez huyendo de la justicia —sugieren algunos que sustrajo o copió la carta de Toscanelli guardada en los archivos lisboetas, lo que estaba severamente castigado—, Cristóbal Colón abandonó Portugal con su hijo Diego, y en 1485 fue a probar fortuna en Castilla.

En la Corte castellana

Fernando e Isabel, que habían recibido del Papa el título honorario de «Sus Católicas Majestades», estaban empeñados en reformas monetarias, legales y sociales. Funcionaba la Inquisición, se reducían los privilegios de los nobles y se combatía a los moros de Granada. Como era creencia general que la

Vivienda de los primitivos pobladores de las Antillas, según un grabado de la Historia general y natural de las Indias, *de Gonzalo Fernández de Oviedo, publicada en Sevilla en 1535. En sus cincuenta libros se narra, además del descubrimiento y colonización, una serie de informaciones geográficas y etnográficas sobre el Nuevo Mundo, tales como la flora, la fauna y las costumbres de los indígenas.*

fortaleza de dicha ciudad no se rendiría sin una potente artillería, los Reyes habían traído de Italia y Alemania constructores de cañones y otros expertos; la reconquista de Granada —empresa a la que el Papa atribuía carácter de Cruzada— mermaba considerablemente las arcas.

Colón intentó convencer de las posibilidades de su empresa a diversos personajes andaluces: fray Antonio de Marchena, el duque de Medina Sidonia y el duque de Medinaceli. Los datos de esta época son también oscuros y contradictorios, pero se sabe que fue a Córdoba, que se relacionó con el contador mayor Alonso de Quintanilla, que se dedicó a vender libros y que se amancebó con Beatriz Enríquez de Harana, madre de su otro hijo, Hernando; nunca se casaría con ella.

La Corte llegó a Córdoba en abril de 1486. Ningún cronista de la época describe la primera entrevista de Colón con Fernando e Isabel, que transfirieron el asunto a una Junta de hombres doctos. Se ignora cuándo se constituyó la Junta, pero transcurrirían años antes de que llegase a una decisión y formulara recomendaciones. Mientras, Colón pasó a cobrar una pensión a expensas de la hacienda real. A comienzos de 1488, harto de dilaciones, escribió a Juan II pidiéndole que reconsiderara su proyecto. En su respuesta, el rey de Portugal le invitaba a regresar. Pero pronto el viaje se hizo innecesario: a fines de ese año, Bartolomeu Dias de Novais volvió a Lisboa con la noticia de haber alcanzado la extremidad meridional de Africa, el Cabo de las Tormentas o de Buena Esperanza.

Colón convenció a su hermano Bartolomé para que se trasladase a Inglaterra y ofreciese sus servicios. Pero acababa de terminar la Guerra de las Dos Rosas, y Enrique VII, ocupado en la restauración interna y el afianzamiento de los Tudor, recibió a Bartolomé pero no se dejó persuadir.

Los Reyes Católicos posponen la empresa

A fines de 1490, en Sevilla, la Junta leyó su conclusión, hostil al proyecto: «...Pues nada puede justificar el favor de Vuestras Altezas por un asunto que descansa sobre bases tan débiles, y que parece imposible de realizar a los ojos de toda persona que tenga algún conocimiento.» Los Reyes propusieron posponer la empresa para ocasión más oportuna, cuando la guerra de Granada hubiese llegado a feliz término.

Capitulaciones de Santa Fe

Mientras, convertido en embajador de su hermano, Bartolomé Colón intentaba negociar con Carlos VIII de Francia. El propio Cristóbal se disponía a viajar a la Corte francesa cuando, a principios de 1491, visitó el monasterio de La Rábida, en la boca del río Tinto, y entró en contacto con fray Juan Pérez, prior del monasterio y confesor de la reina Isabel. Convencido de sus razones, fray Juan Pérez le disuadió de ir a Francia, e inmediatamente escribió a la Reina. Dos semanas más tarde llegaba la orden de que tanto él como Colón se

Colón tuvo que esperar a que los Reyes Católicos tomaran Granada para que éstos volvieran a interesarse por su proyecto. La conquista de Granada, *por Francisco Pradilla. (Palacio del Senado, Madrid.)*

trasladaran al campamento real de Santa Fe, bajo la Granada sitiada. Rendida la ciudad el 2 de enero de 1492, Fernando e Isabel tuvieron tiempo de volver a ocuparse de Colón y de sus proyectos. Se nombró una nueva Junta, y es probable que ya estuviera aceptado el plan colombino cuando se empezó a discutir la recompensa: aquel pobre extranjero pedía, a cambio de sus servicios, la décima parte de cuantas riquezas pudieran obtenerse en las Indias, el título de Don y las dignidades de Almirante de la Mar Océana y Virrey y Gobernador de las Indias. La Junta y los Soberanos quedaron estupefactos y le replicaron con una negativa terminante. Decepcionado, Colón abandonó Santa Fe. Pero no estaba más allá del puente de Pinos cuando fue alcanzado por un correo, que le ordenó regresar en nombre de la Reina. Dice Hernando Colón que fue Luis de Santángel, tesorero real, quien persuadió a los

Soberanos, argumentando los posibles beneficios de la empresa y los escasos riesgos. Además, ofreció entregar el dinero necesario de su propio peculio.

Logrado el acuerdo preliminar, Colón marchó a La Rábida y a Palos. En adelante, Juan Pérez le representó ante la Corte. Las largas negociaciones culminaron con la *Se firman las* firma por los Reyes de las Capitulaciones de Santa Fe, el 17 de abril de 1492. Por este *Capitulaciones* documento, los Soberanos se comprometieron a entregar a Colón los *de Santa Fe* títulos y privilegios que éste demandaba. El 30 de abril, Fernando e Isabel le dieron plenos poderes para ejercer jurisdicción en las tierras que descubriese; se le entregaron credenciales para los reyes extranjeros que visitase y se ofreció el perdón a los criminales que se alistaran en la expedición.

En mayo de 1492, los vecinos de la pequeña villa de Palos fueron convocados en la iglesia parroquial de San Jorge, donde se leyó la orden real que les requería para abastecer y armar dos carabelas. La Corona pagaría por anticipado cuatro meses de sueldo a las tripulaciones.

Se consiguieron la *Pinta* y la *Niña*. Seguramente fue Juan Pérez quien atrajo a la causa a los hermanos Pinzón, pertenecientes a una antigua familia de marineros y armadores de Palos. Con dinero prestado fletó Colón la tercera unidad, la nao la *Gallega*, rebautizada con el nombre de *Santa María*. En las tres naves embarcaron noventa hombres, aunque algunos hablan de ciento veinte.

Instrumentos de navegación en tiempos de Colón

El astrolabio permitía calcular la altitud de una estrella, que el observador leía en grados en un círculo graduado y, gracias a ello, calcular la hora y la latitud.

En cuanto dejaban de ver tierra, los navegantes quedaban a merced de sus toscos instrumentos, con los que se ayudaban a determinar el rumbo y a mantenerlo, así como a calcular en un mapa sus avances y sus posiciones. Uno de dichos instrumentos era el astrolabio, disco de metal que llevaba marcados en su circunferencia los grados angulares, sobre los que se deslizaban los extremos de una alidada que giraba sobre un pivote central y remataba los extremos con sendos círculos de mira o visores. Era un instrumento mucho más apropiado para astrónomos que para marinos. Tomar la lectura correcta en un inquieto barco del Renacimiento resultaba casi imposible; hubo ocasiones en que los astrolabios dieron errores de muchos cientos de millas. Este problema práctico llevó a la invención de la escuadra o ballestilla. Esta consistía esencialmente en un vástago con cuatro travesaños movibles, con los que formaba ángulo recto. El marino asestaba la parte superior de un travesaño hacia el sol y la parte inferior la ponía en línea con el horizonte. La distancia del travesaño al ojo daba la altitud del sol. Aunque más rápida que el astrolabio, la escuadra tampoco resultaba suficientemente precisa, debido al constante movimiento de los barcos.

Si costaba determinar la latitud exacta, la longitud era imposible; su medición requiere relojes precisos, que entonces no

A pesar de la aparición de nuevos instrumentos y del perfeccionamiento de otros, la aguja náutica continuó prestando una ayuda esencial en la navegación. (Museo Arqueológico, Madrid.)

existían. En los viajes largos, los marinos olvidaban voltear sus relojes de arena o ampolletas, o las volteaban antes de tiempo.

En el mar, el instrumento más fiable era la aguja náutica o compás. Una aguja de hierro imantada se montaba sobre un chapitel de latón, y sobre la aguja se colocaba la rosa de los vientos, dividida en treinta y dos cuartas. Colón, cuyas observaciones celestes fueron a veces increíblemente erróneas, prefería atenerse al compás y a sus hábiles estimaciones de la distancia recorrida cada día. Como instrumento de navegación tenía sus inconvenientes: apenas se conocía la variación, que es la influencia que el campo magnético de la tierra ejerce sobre el compás. La diferencia entre el «norte» de la aguja del compás y el verdadero Norte debía establecerse prácticamente en cada viaje.

La navegación por estima

En tiempos de Colón, la navegación oceánica era principalmente por estima, a base de los rumbos y distancias recorridas. Pero saber cuánto ha recorrido un barco en un día exige conocer su velocidad, y el uso de la corredera, instrumento de medición bastante simple, no se generalizó hasta bien entrado el siglo XVI. De ahí que los marinos se atuviesen a sus conocimientos sobre el modo en que su barco se desempeñaba en las diferentes condiciones temporales, conocimiento parcialmente basado en la observación de la rapidez con que pasaban junto a él las matas de algas u objetos flotantes. Durante las guardias de cuatro horas en que por tradición se ha dividido siempre el día de trabajo en los barcos, se hacían estimaciones de velocidad por cada una de las ocho medias horas de cada turno. Con vientos de popa, los totales daban un cálculo razonable de la navegación diaria, si bien las corrientes desconocidas podían influir en el cálculo de velocidad y también en el de dirección. Cuando los vientos contrarios exigían continuos cambios de bordada, la estima resultaba mucho más engañosa, y los navegantes usaban el *renard* del piloto, una rosa de los vientos de madera con ocho agujeros a lo largo de cada cuarta de la rosa; cada agujero servía para marcar media hora de la guardia. Una vez terminado el turno, el piloto de la nave podía comprobar en el indicador los rumbos efectuados y las distancias recorridas en las cuatro horas transcurridas, y hacer así los cálculos para la siguiente etapa del viaje.

En alta mar se trazaba el rumbo más directo posible al punto de destino. Pero los navegantes descubrieron que los mares están divididos en zonas en las cuales los

El arte

de navegar

vientos alisios soplan en determinada dirección, y que hay otras, las de calmas ecuatoriales, en que el viento no sopla, a veces durante meses. Observaron también que dichas zonas varían con las estaciones. De esta suerte, la mejor ruta entre dos puntos no era ya la línea recta, sino aquella que siguiera los alargados corredores curvos que barrían los vientos alisios. Tomando a Colón como ejemplo, los barcos españoles aprendieron pronto a viajar a sus colonias utilizando el arco del alisio del Noreste, que soplaba desde las Canarias a las Antillas Menores. Durante el invierno, emprendían el regreso a España remontándose hacia el Norte, bregando contra vientos contrarios hasta más allá de las Bermudas; luego seguían el interminable cinturón de los vientos del Oeste.

El nombre de América

La decisiva

influencia

de un libro

Dos años después de la muerte de Colón, Martin Waldseemüller, cartógrafo de la corte del duque René II de Lorena, dibujó un mapamundi con los países recién descubiertos completamente separados de Asia. Y fue en el gran continente del Sur donde inscribió por vez primera el nombre de América, en honor del florentino Amerigo Vespucci (1451-1512), que había participado en viajes de descubrimiento españoles y portugueses —uno de éstos hasta las costas de la Patagonia— y había postulado —inducido por cambios estacionales y constelaciones desconocidas— que las costas meridionales pertenecían a un nuevo continente. Hábil propagandista, Vespucci relató dichos viajes en una serie de cartas a protectores y amigos influyentes, con un estilo ameno y sin mencionar a los jefes de las expediciones, lo que hizo pensar a los cronistas italianos, franceses y alemanes que era él quien las había dirigido. Por otra parte, fuera de España no se conocían los viajes de Colón a Paria y Veragua, lo que indujo a creer que el Almirante sólo había descubierto algunas islas, y que Vespucci era el verdadero descubridor del continente. El dibujo de Waldseemüller apareció en un libro titulado *Cosmographiae Introductio*, en cuyo último capítulo se insistía en que el nuevo continente debía denominarse Terra Americus o América, «por su descubridor, hombre de sagaz ingenio, así como Europa y Asia recibieron nombre de mujeres». El libro tuvo gran éxito y, aunque algunos siguieron llamando Indias Occidentales a las tierras recién descubiertas, el nombre de América se fue imponiendo.

*M*apamundi
*de Martin
Waldseemüller,
con la efigie de
Amerigo Vespucci.
(Biblioteca
Nacional, Madrid.)*

115

Consecuencias del descubrimiento

En su célebre *Historia General de las Indias*, López de Gómara escribió: «La mayor cosa después de la creación del mundo, sacando la encarnación y muerte del que lo creó, es el descubrimiento de las Indias.»

La llegada de los españoles al Nuevo Mundo supuso para éste el inicio de una profunda transformación. Un siglo después del descubrimiento, los taínos se habían extinguido en todas las islas del Caribe, no sólo a causa de los enfrentamientos y la esclavitud, sino también de las enfermedades transmitidas por los colonos.

El Viejo

Mundo

se transforma

A su vez, el descubrimiento y la conquista alterarían considerablemente la política europea. Para proteger sus flamantes posesiones, Isabel y Fernando pidieron al papa Alejandro VI que trazara una línea vertical cien leguas al oeste de las Azores, y que concediese a Portugal los territorios que se encontrasen al este de tal línea. Consciente de que su superioridad naval le permitía vedar a los castellanos el acceso a las Indias, el soberano portugués no se amilanó, y optó por negociar directamente con los Reyes Católicos. El resultado fue el tratado de Tordesillas de 1494, por el que la línea de demarcación se trasladó 370 leguas al oeste de Cabo Verde, lo que permitiría al futuro Brasil permanecer en el área portuguesa.

Como las fuentes de poder ya no se hallaban exclusivamente en Europa, se amplió el escenario del conflicto entre estados. A causa del increíble flujo de

*E*scudo de armas concedido por los Reyes Católicos a Colón el 20 de mayo de 1493. Los soberanos le concedieron el privilegio de incluir en él los emblemas oficiales de Castilla y León.

metales preciosos, los países europeos experimentaron una revolución económica decisiva. Los precios de los productos castellanos, por ejemplo, aumentaron con mayor rapidez que los de otros países; la balanza comercial de Castilla con el extranjero le era desfavorable, ya que importaba más de lo que exportaba y tenía que cubrir el déficit con la plata americana.

La reputación del Almirante

La reputación histórica de Cristóbal Colón tardó en asentarse, en parte porque el significado de su hazaña era difícil de captar y en parte quizá por su compleja personalidad. Por un lado, las contradicciones implícitas en su pensamiento hacían de él un hombre medieval en su exaltado misticismo, en su ética, en su obsesión por Jerusalén y en sus creencias sobre el Paraíso; simultáneamente, su curiosidad, su actividad constante, su inventiva y esa decisión con que cruzó una y otra vez un océano inexplorado le definen como hombre renacentista. Cuesta conciliar su devoción casi religiosa por el oro o su obstinación en imaginarse en Catay o en Cipango con su extraordinaria habilidad como navegante, tanto de aguas profundas como de bajíos y arrecifes. Desconcertado por tales contrastes, Alexander von Humboldt dijo de Colón que su formación geográfica era mezcla de «erudición desordenada y teología mística».

Hasta 1571 no se publicó la *Vida del Almirante*, de Hernando Colón, y ello en

El encuentro entre los Dos Mundos es un tema que ha sido tratado en numerosas ocasiones a lo largo de los siglos por eruditos, escritores y artistas. Este grabado de Théodore de Bry nos muestra un ataque de los indios a los españoles. (Biblioteca Nacional, Madrid.)

una traducción italiana. Tasso dedicó unas octavas a Colón en *Jerusalén libertada*, y Juan de Castellanos describió su llegada a Barcelona en las *Elegías de varones ilustres de Indias*. Este suceso inspiró también la famosa comedia de Lope de Vega *El Nuevo Mundo descubierto por Cristóbal Colón*.

La visión que dio Lope de un Colón soñador, despreciado por el mundo, fue el inicio de su trayectoria como héroe romántico, símbolo del insaciable espíritu descubridor del hombre. Dicho romanticismo culminaría en la biografía *Colón*, de Washington Irving, donde al ardiente Almirante se opone el frío y calculador rey Fernando. Cabe citar también las novelas *Cristóbal Colón*, de Jakob Wassermann, *El arpa y la sombra*, de Alejo Carpentier, y *Memorias de Colón*, de Stephen Marlowe, así como *Cristóbal Colón y su beatificación futura*, de Léon Bloy, el drama *El libro de Cristóbal Colón*, de Paul

Muchas interpretaciones se han realizado sobre la enigmática firma de Colón que, como vemos, estaba compuesta por esta especie de crucigrama o firma cabalística, bajo la cual colocaba unas veces El Almirante, *y otras* Xto. Ferens, *es decir, «el que lleva a Cristo».*

Claudel, con música de Milhaud, y la reciente *Vigilia del Almirante*, de Roa Bastos, y el texto teatral *Isabel, tres carabelas y un estafador*, de Darío Fo. Existen numerosas composiciones poéticas, tanto españolas como iberoamericanas, que celebran la gloria de Colón. Entre las más importantes destaca el pasaje del poema *La Atlántida* que le dedicó Jacinto Verdaguer, y que dio origen a la partitura del mismo nombre comenzada por Manuel de Falla y terminada más tarde por Cristóbal Halffter.

Entre las versiones cinematográficas de la gesta colombina cabe destacar *Alba de América* (1951), dirigida por Juan de Orduña; *Cristóbal Colón, el descubrimiento* (1992), dirigida por John Glen, y *1492: la conquista del paraíso* (1992), dirigida por Ridley Scott.

Tras las huellas de Colón

Todos los retratos de Colón fueron pintados tras su muerte; el más antiguo es el que se exhibe en el Museo Civico Giovio de Como, Italia; suele considerarse como el original que se encontraba en la colección Paolo Giovio de hombres ilustres, y hay una copia en la Galería de los Uffizi. Dicho retrato, que representa al Almirante a una edad avanzada, concuerda con la descripción de Colón que daba fray Bartolomé de las Casas, salvo en el color de los ojos, que según él eran azules y que en el cuadro son pardos. El retrato lleva una inscripción que dice: «COLOMBUS LYGUR. NOVI ORBIS REPTOR: Colón de Liguria, descubridor de

Este retrato, que se conserva en el Museo Civico Giovio de Como, es el que más se acerca a la descripción que de Colón daba fray Bartolomé de las Casas.

un nuevo mundo». Otro retrato excepcional, atribuido a Ridolfo Ghirlandaio, representa a Colón con sayal y bonete negros y el cabello largo y blanco; se encuentra en el Museo Civico Navale de Génova.

En Génova se encuentra también, en la Piazza Dante, la supuesta casa natalicia de Colón, que fue levantada en el siglo XVIII sobre las ruinas de otra, destruida en 1684 por un bombardeo. Desde 1887 decora la fachada una inscripción latina, que indica que allí pasó Cristóbal Colón su infancia y su primera juventud. La casa original debió albergar un taller de laneros en la planta baja, y en la alta las habitaciones familiares. El propio aeropuerto genovés, que se asienta en terreno ganado al mar, lleva el nombre de Cristoforo Colombo.

También en Funchal, en Madeira, hay una casa a la que la tradición señala como la vivienda de Colón en la isla. En Lisboa, en cambio, no quedan vestigios. Se sabe que conoció a su mujer, Felipa Moniz, en el monasterio de Santos, donde ella era comendadora y él acudía a seguir los cultos.

En La Rábida, en Huelva, junto a los ríos Tinto y Odiel, se conserva casi intacto el monasterio que albergó a Cristóbal Colón y donde encontró el apoyo de fray Juan Pérez y fray Antonio de Marchena.

Un rastro

difícil

de seguir

En Palos, se conserva también la iglesia de San Jorge, donde la tripulación del primer viaje confesó y comulgó antes de zarpar.

En Barcelona es posible visitar el Salón del Tinell, donde tradicionalmente se sitúa la recepción que los Reyes Católicos dieron a Colón a su regreso. Hay también una réplica de la *Santa María* anclada en el puerto y, en el Museo Marítimo, una reconstrucción de la cabina del Almirante e instrumentos de navegación de su época.

No han llegado a nosotros los originales de los diarios del Almirante, que se conocen fundamentalmente gracias a las transcripciones de Bartolomé de Las Casas; la del primer viaje —la más completa— y la del tercero se guardan en la Biblioteca Nacional de Madrid. Una copia firmada por Colón del memorial a Antonio Torres, que suele considerarse la narración del segundo viaje, está en el Archivo de Indias, en Sevilla. La relación del cuarto viaje, copia de la carta dirigida a los Reyes desde Jamaica, se encuentra en la Biblioteca Universitaria de Salamanca.

El descubrimiento de América abrió nuevas rutas comerciales, lo cual trajo consigo la intensificación del tráfico marítimo y, por tanto, nuevos e importantes avances en los sistemas de navegación. Xilografía de un barco español de 1496.

En Sevilla está también la Biblioteca Colombina, que es cuanto queda de la enorme biblioteca de Hernando Colón. Contiene los libros favoritos del Almirante, anotados por él, y otros documentos, entre ellos las cartas a su hijo Diego. Muy cerca de la Biblioteca se encuentra el suntuoso mausoleo, obra de Arturo Mélida, con los polémicos restos. La cartuja de Santa María de las Cuevas, donde Colón se hospedó varias veces y donde permaneció enterrado algunos años, fue convertida en 1841 en una fábrica de cerámica, hoy cerrada. La restauración de la Cartuja fue llevada a cabo por la organización de la Exposición Universal de 1992, que se alzó en su entorno.

Aunque se ignora en qué casa murió realmente, Valladolid tiene un monumento que conmemora la estancia y defunción de Colón. El convento de San Francisco, donde se le enterró al morir, fue derribado a mediados del siglo XIX.

Otros monumentos al marino genovés forman parte del paisaje urbano de numerosas ciudades hispanoamericanas.

En las catedrales de Santo Domingo y La Habana cabe visitar los lugares donde están o estuvieron los restos colombinos.

Existe una regata transoceánica, la Ruta del Descubrimiento, que sigue su estela, y fueron muchas las actividades realizadas en torno al V Centenario. Quizá nunca ha habido un personaje histórico tan popular como Cristóbal Colón. Su nombre suena constantemente, pero los enigmas en torno a él persisten.

BIBLIOGRAFIA

Textos de Colón

Diario de a bordo. Edición de Luis Arranz. Historia 16, Colección de «Crónicas y Relaciones», Madrid, 1985.
Diario de a bordo. Edición de Vicente Muñoz Puelles. Anaya, Colección «Tus Libros», Madrid, 1985.
Textos y documentos completos. Relaciones de viajes, cartas y memoriales. Edición de Consuelo Varela. Alianza Universidad, Madrid, 1982.

Obras generales

CHAUNU, Pierre, *L'Amérique et les Amériques.* Armand Colin, París, 1964.
LANDSTRÖM, Björn, *En busca de las Indias.* Juventud, Barcelona, 1971.
MARTÍNEZ, José Luis, *Pasajeros de Indias.* Alianza Universidad, Madrid, 1983.
ZARAGOZA, Gonzalo, *Rumbo a las Indias.* Anaya, Biblioteca Básica de Historia, serie «Vida Cotidiana», Madrid, 1989.
«Biblioteca Iberoamericana». Anaya, Madrid, 1990.
«Colección de Crónicas y relaciones». Historia 16, Madrid, comenzada en 1985.

Biografías de Cristóbal Colón

COLÓN, Hernando, *Historia del Almirante.* Edición de Luis Arranz. Historia 16, «Colección de Crónicas y Relaciones», Madrid, 1984.
DESCOLA, Jean, *El infortunado descubridor de un mundo.* Juventud, Barcelona, 1961.
HEERS, Jacques, *Cristophe Colomb.* Hachette, París, 1981.
MADARIAGA, Salvador de, *Vida del muy magnífico señor don Cristóbal Colón.* Ed. Sudamericana, Buenos Aires, 1944.

MENÉNDEZ PIDAL, Ramón, *La lengua de Cristóbal Colón*. Espasa-Calpe, Madrid, 1942.

MORALES PADRÓN, Francisco, *Cristóbal Colón, Almirante de la Mar Océana*. Anaya, Biblioteca Iberoamericana, Madrid, 1988.

MORISON, Samuel Eliot, *El Almirante de la Mar Océana. Vida de Cristóbal Colón*. Hachette, Buenos Aires, 1945.

ZARAGOZA, Gonzalo, *Colón y el Descubrimiento*. Anaya, Biblioteca Básica de Historia, serie «Monografías», Madrid, 1988.

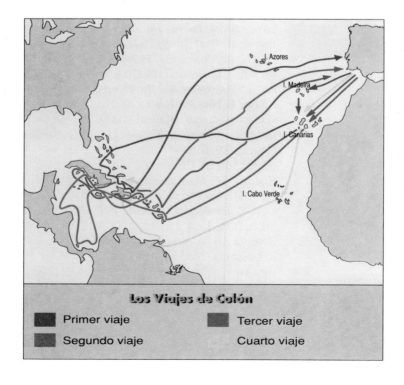

Los Viajes de Colón

Primer viaje

Segundo viaje

Tercer viaje

Cuarto viaje

Alidada	Regla fija o móvil que lleva perpendicularmente y en cada extremo una tablilla con orificios.
Almadía	Balsa de maderos.
Arrumbar	Fijar el rumbo a que se navega.
Azagaya	Lanza o dardo pequeño arrojadizo.
Azuela	Especie de hacha de hoja curva que sirve para desbastar la madera.
Barlovento	Parte de donde viene el viento.
Batel	Bote, barco pequeño.
Broma	Molusco que causa graves daños en las construcciones navales al perforar las maderas sumergidas.
Calafatear	Cerrar las junturas de las maderas de las naves con estopa y brea para que no penetre el agua.
Contramesana	Arbol pequeño de algunos buques, entre la popa y el palo mesana.
Entena	Palo encorvado y muy largo al cual está asegurada la vela en las embarcaciones latinas.
Falconete	Pieza de artillería que arrojaba balas hasta de kilo y medio.
Fanal	Farol grande que se coloca en las torres de los puertos o en la popa de los buques.
Garrear	Moverse un buque arrastrando el ancla por haberse ésta desprendido.
Mesana	Mástil que está más a popa en el buque de tres palos.
Rosa de los vientos	Círculo que tiene marcados alrededor los 32 rumbos en que se divide la vuelta del horizonte.
Voltejear	Navegar virando de cuando en cuando para ganar o adelantar hacia barlovento.

DATOS CRONOLOGICOS

1451	En fecha indeterminada, entre el 25 de agosto y el 31 de octubre, nace Cristóbal Colón. Ese mismo año nace Isabel, futura reina de Castilla.
1470-1475	Colón vive con sus padres. Se sabe que al menos una vez navegó a la isla de Quío.
1474	Isabel, reina de Castilla.
1476-1479	Colón en Lisboa, ganándose la vida como cartógrafo y agente comercial. Visita Inglaterra y acaso Islandia.
1479	Colón se casa con Felipa Moniz, y permanece brevemente en Madeira y Porto Santo.
1480-1481	Nacimiento de Diego Colón y muerte de Felipa. Guerra entre España y Granada.
1482-1484	Colón viaja al menos dos veces a Guinea. Se entrevista con el rey Juan II de Portugal, y su plan es rechazado por una Comisión Real.
1485	Cristóbal Colón llega al monasterio de La Rábida con su hijo Diego.
1486	Los Reyes Católicos reciben a Cristóbal Colón.
1486-1487	Conferencias de la Junta de Cosmógrafos, que rechaza el plan colombino.
1488	Nace en Córdoba Hernando Colón, hijo natural de Cristóbal Colón y de Beatriz Enríquez.
1491	Cristóbal Colón visita a los reyes Católicos en el campamento de Santa Fe.
1492	2 de enero: los Reyes Católicos toman Granada. 31 de marzo: edicto de proscripción contra los judíos. 17 de abril: Capitulaciones de Santa Fe. 3 de agosto: Colón leva anclas. 12 de octubre: Colón descubre Guanahaní.

15 de octubre: Colón descubre Isabela.
28 de octubre: Colón descubre Cuba.
6 de diciembre: Colón descubre La Española (Haití).
24 de diciembre: encalla la *Santa María*.
Construcción del fuerte de La Navidad.

1493
4 de enero: la *Niña* abandona el fuerte de La Navidad.
16 de enero: Colón regresa a España.
15 de abril: los reyes reciben a Colón en Barcelona.
2 de mayo: bula del papa Alejandro VI fijando las zonas de demarcación de Portugal y España.
25 de septiembre: segundo viaje. Cristóbal Colón zarpa de Cádiz.
Del 12 al 15 de noviembre: Colón descubre Dominica, Marigalante, Guadalupe, Montserrat, Santa María la Antigua, Santa María la Redonda, Once Mil Vírgenes y San Juan Bautista, actual Puerto Rico.
27 de noviembre: Colón encuentra las ruinas de La Navidad.

1494
2 de enero: fundación de Isabela.
13 de mayo: Colón descubre Jamaica.
7 de junio: Tratado de Tordesillas entre España y Portugal, fijando nuevas zonas de demarcación.

1496
10 de marzo: Colón regresa a España.
11 de junio: Colón desembarca en Cádiz.

1498
30 de mayo: Colón inicia en Sanlúcar de Barrameda su tercer viaje.
31 de julio: Colón descubre la isla de Trinidad.
4 de agosto: Colón entra en el golfo de Paria, se encuentra ante el delta del Orinoco y pone el pie en el continente americano.
Vasco de Gama dobla el Cabo de Buena Esperanza.

127

1499	Alonso de Ojeda, Juan de la Cosa y Amerigo Vespucci descubren Venezuela. Vicente Yáñez Pinzón descubre la costa del Brasil. 27 de agosto: Bobadilla llega a La Española como gobernador. 24 de noviembre: Cristóbal Colón y sus hermanos, encadenados, desembarcan en Cádiz. 17 de diciembre: Cristóbal Colón es recibido en Granada por los Reyes Católicos.
1502	Febrero: sale para La Española el nuevo gobernador Nicolás de Ovando. 11 de mayo: cuarto viaje. Cristóbal Colón zarpa de Cádiz. 15 de junio: Colón descubre la isla Santa María y la Martinica.
1504	7 de noviembre: Colón desembarca en Sanlúcar de Barrameda. 26 de noviembre: muere Isabel la Católica.
1506	20 de mayo: muere Cristóbal Colón.
1512	Ponce de León descubre La Florida.
1513	26 de septiembre: Balboa descubre el océano Pacífico.
1516	Muere Fernando el Católico.